단 한 걸음이라도
함께 가라

단 한 걸음이라도 함께 가라

새 시대를 향한 동심동덕 경영 전략

김병원 엮고 쓰다

위즈덤하우스

비록 단 한 걸음일지라도

농업이라는 두 글자를 볼 때마다 그 안에 깃든 의미의 무게가 묵직하게 다가온다. 우리 모두 먹어야만 살아갈 수 있기에 농업은 세상의 모든 산업들 중에서도 가장 본질적이고 영원불멸한 가치를 지닌다. 그래서 땅을 일구어 곡식을 거둬들이는 농부의 노동은 단순히 직업적 활동을 넘어 사명감을 부여받은 천직으로서의 활동으로 거듭난다. 그리고 이들 300만 농업인의 지속가능한 성장을 함께 추구해나가기 위한 조직으로 협동조합이 존재한다. 그런 의미에서 협동조합이라는 단어 속에는 '함께 힘을 합쳐 더불어 살아간다'는 협동과 상생의 가치가 담겨 있다. 또한 협동조합은 본질적으로 '땅과 인간의 조화', '자연과 도시의 공존', '꿈과 미래의 연결'을 추구하는 조직이기에 구성원 하나하나의 믿음과 동행을 원칙으로 한다.

농사를 천하의 가장 큰 근본으로 삼아온 나라였음에도 불구하고 농촌에 대한 우리의 인식은 여전히 아쉬운 점이 많다. 우리 농업인들이 땅에서 거둔 곡식으로 자식들을 키워 도시로 보냈고, 그 자식들이 초고속 압축 성장 시대의 역군으로 자라는 동안 농촌은 점점 소외된 땅으로 멀어져만 갔다. 한국 사회의 숨 가쁜 발전 속에서도 농업·농촌의 가치는 생각할 겨를도 없이 어느새 서서히 잊혀져가고 있는 듯하다. 그런 이유로 농업 분야는 빛의 속도를 내달리는 다른 산업들에 비해 시행착오만 되풀이하고 있다는 느낌을 지울 수 없다.

하지만 4차 산업시대를 앞둔 오늘날, 가장 주목해야 할 미래의 먹거리 산업으로 농업이 부상하고 있다. 첨단 기술을 앞세운 세계 굴지의 기업들의 시선은 다시 '오래된 미래'인 농업으로 향해 있다. 시대 변화의 중심이 다시 농업·농촌으로 서서히 옮겨오고 있다는 방증이다. 따라서 우리는 농업인들의 발전과 성장은 물론 IT 지식으로 무장한 젊은이들이 농업에서 자신들의 미래를 찾을 수 있도록 최적의 '블루오션' 환경을 만들어내야 한다. 동시에 가늠할 수조차 없는 농업의 가능성과 가치를 일깨우는 일이야말로 대한민국 농업을 이끌어가고 있는 책임 있는 모든 이들의 시대적 사명인 것이다. 그리고 그 가치를 깨닫는 대상이 농업인에게 국한되지 않고 국민들에게로 확산되어야 추락한 농업의 인식을 바로 세울 수 있을 것이다.

볼링의 고수들은 1번 핀을 노리지 않는다. 그들은 세 번째 줄 가운데 숨어 있는 5번 핀을 노린다. 협동조합이 겨냥해야 할 목표는 조합원들을 활짝 웃게 만드는 것이다. 그리고 그 출발점이 바로 '농가소득 5,000만 원 달성'이다. 이 목표를 실현하기 위해 구성원 모두가 농업·농촌의 가치를 인식해야 함은 물론이려니와 자신이 하고 있는 일이 농업의 발전에 어떤 역할을 하고 있는지도 정확히 인식해야 한다. 또한 끊임없는 교육을 통해 이러한 가치들을 전파하고 공감을 확산시켜나가야 할 것이다.

아울러 국민 참여를 이끌어내기 위한 노력들도 결코 등한시할 수 없다. 농업을 바라보고 있는 소비자들의 집단지성과 행동하는 힘은 날이 갈수록 강력해지고 있다. 현명한 국민들을 감언이설로 설득할 수 있을 거라는 환상은 이제 금물이다. 소비자들은 작은 기업이든 큰 기업이든 그들이 우리사회에 기여하는 노력과 가치를 보고 선택한다. 따라서 대다수 국민들의 참여를 이끌어내기 위해 기업 스스로 가치를 알리고 높여가야 할 것이며, 이것이야말로 '계속기업(going concern)'으로 가기 위한 미래의 필수조건이 될 것이다.

누구나 삶이 힘들다고 말하는 세상이다. 인간은 본래 외로운 존재라는 말 자체가 마음을 더욱 쓸쓸하게 한다. 그래서 협동이라는 두 글자에 담겨 있는 희망의 의미가 더욱 간절하게 다가온다. 서로가 서로에게 힘이 되어준다면 우리는 혼자일 때보다 더 큰 행복을 느끼게 될 것이라 확신한다. 그런 믿음과 희망을 이 책에 담았다. 농촌과 농업을 미래의 블루오션으로 만들어가는 우리의 대장정은 '혼자'가 아닌 '함께'일 때 비로소 완성될 것이다. 뿌리와 뿌리가 만나 거대한 숲을 이루는 삼나무처럼 '너와 내가 모두 잘 사는' 상생의 약속을 공유할 수 있다면 우리는 어떤 난관도 이겨낼 수 있을 것이다. 비록 느린 걸음일지라도, 단 한 걸음일지라도 다함께 뜻을 합쳐 내디딜 때 우리의 발걸음은 거대한 북소리가 되어 세상에 울려 퍼질 것이다.

끝으로 이 책이 출간되기까지 자료수집과 교정에 큰 도움을 주신 인재개발원 조상진 국장님과 교육원 기영윤 교수님, 김종현 교수님, 김한규 교수님, 임규현 교수님, 유현재 교수님께 깊은 감사를 드린다.

2019. 3. 14
김병원

차례

1장

하나의 목표를 향한
함께 한 걸음

우리의 비전은 '농업인이 행복한 국민의 농협'이다.

그리고 농업인은 우리 모두를 하나 되게 하는

최양의 구심점이자 열정을 일으키는 동력이다.

농업인을 향한 비전으로 하나가 되고,

협동조합으로서 목적을 달성하기 위해 단결해야 한다.

단순히 서로가 서로에게 기대는 것을

단결이라고 하지 않는다.

혼자 일어선 개개의 강한 신념이 합쳐질 때

비로소 단결이 되고, 이를 동심(同心)이라 할 수 있다.

한마음 한뜻, 동심동덕

동심동덕(同心同德)이란 말이 있다. 중국 한대의 산문집인
《상서》의 〈태서편〉에 나오는 말로 '모든 사람이 한마음 한뜻으
로 공동의 목표를 위해 힘쓰고 노력하는 것'을 뜻한다.

　중국 주나라 문왕의 아들 무왕은 포악한 은나라 주왕을 정벌
하기 위해 군대를 일으켰다. 싸움에 임하기 전 무왕은 '사기를
높이기 위한 큰 맹세라는 의미'의 태서(泰誓)를 지어 전 병사에
게 고했다.

　"주왕은 많은 군사와 관리를 거느리고 있을지라도 마음을 한
데 합하지 못했지만, 우리는 다 함께 일치단결하여 하나의 목표

로 마음과 덕을 같이하고 있다."

　동심동덕의 기세로 똘똘 뭉친 무왕의 군대가 주왕의 폭정을 끝장냈음은 물론이다.

　동심동덕이 빛을 발한 예는 우리 근대사에서도 찾아볼 수 있다. 국권을 회복하기 위한 3·1운동이 그렇고, 그보다 앞서 일본의 경제적 예속을 끊어내기 위해 벌였던 국채보상운동도 동심동덕이었다.

　1894년 청일전쟁에서 승리한 일본은 조선을 경제적으로 지배하기 위해 적극적으로 차관을 해줬다. 1906년에는 조선에 통감부를 설치하고 일본으로부터 막대한 차관을 도입하도록 정부를 압박했다. 그렇게 들여온 차관은 경찰 기구의 확장 등 조선 침략을 위한 투자와 일본 거류민을 위한 시설을 늘리는 데 쓰였다. 한마디로, 조선을 빚쟁이로 만드는 동시에 일본의 지배하에 꼼짝 못 하게 만들겠다는 의도였다. 차관은 짧은 기간에 규모가 급격히 늘었고 1907년에 이르러서는 일본이 조선의 경제 주권을 완전히 장악하고 말았다.

　이 사실을 알게 된 애국인사들이 1907년 〈대한매일신보〉에 글을 실었다.

　"지금 우리들은 정신을 새로이 하고 충의를 떨칠 때이니, 국채 1,300만 원은 우리나라의 존망에 직결된 것이다. 이것을 갚으면 나라가 보존되고 갚지 못하면 나라가 망함은 필연적인 사실이나, 지금 국고에서는 도저히 갚을 능력이 없으며 만일 나라가 못 갚는다면 삼천리 강토는 내 나라 내 민족의 소유가 못 될 것이다. 2,000만 국민은 3개월 동안 흡연을 금지하고, 그 대금으로 한 사람에게 매달 0.2원만큼 거둔다면 1,300만 원을 모을 수 있을 것이다."

이윽고 "남자는 담배를 끊고, 여자는 비녀와 가락지를 내어 국채를 갚자!" 하는 목소리가 전국에서 울려 퍼졌고, 폐물 모으기 운동도 함께 일어났다. 국가의 존망이 위협받는 상황에서 모두 힘을 합쳐 한마음으로 위기를 타파하고자 한 것이다. 이 운동은 비록 일제의 끈질긴 방해로 성공을 거두지 못했지만, 국민의 힘으로 국채를 갚으려 했던 경제적 구국 운동으로 영원히 기억될 것이다.

무엇이 이토록 온 국민을 한마음으로 뭉치게 했을까? 나라를 찾겠다는 집단적 비전이 있었기 때문이다. 모두를 하나 되게 하는 비전을 갖는다는 것은 실로 놀라운 일이다. 비전은 활기 잃은 사람들의 열정을 살리고, 흩어진 사람들을 하나로 모으는 힘이 된다. '우리는 누구이고, 어떤 목적을 가지고 있으며, 앞으로 어떻게 되고자 하는가' 하는 명확한 비전이 있다면 모두가 한마

음이 될 수 있다.

조직뿐만 아니라 개인도 마찬가지다. 명확한 비전이 세워지면 하릴없이 시간을 보내지 않고 목표를 향해 매진할 수 있다. 예컨대 1,000개의 조각으로 퍼즐을 맞춘다고 할 때, 완성된 그림을 보고 맞추는 것과 보지 않고 맞추는 것의 차이를 생각해보라. 완성된 그림이란 곧 비전이며 '끝을 생각하며 시작하는 지혜'라고 할 수 있다.

일본 소프트뱅크 손정의 회장은 '비전이란 오르고 싶은 산을 정하는 것'이라며 이렇게 말했다.

"비전이 없는 사람은 아무리 열심히 해도 그 자리에서 빙빙 돌기만 한다. 비전이 있는 사람은 늘 산 정상을 바라보기 때문에 불필요한 움직임을 줄이고 결국 큰 산에 오를 수 있다."

동심동덕은 이런 비전을 한 사람이 아니라 모두가 함께 바라보고 그것을 향해 힘을 합쳐 나아가는 것을 의미한다.

우리 역사상 가장 방대한 영토를 보유했던 고구려는 700년 역사를 지켜내며 동북아시아 최강자로 군림했다. 조선 시대의 많은 왕은 부강한 국가의 비책을 고구려에서 찾곤 했다. 성종 역시 신하들에게 물었다.

"돌이켜 보건대 우리는 남방과 북방에서 늘 침략을 받아왔다. 그런데 어떻게 고구려는 수양제와 당태종에 대항하고도 천하강국이 됐는가?"

이 질문은 창조적 도약의 시대를 살고 있는 오늘날의 우리에게도 여전히 유효하다. 별다른 자원도 없고, 유리한 입지 조건도 아니었던 고구려가 어떻게 그토록 강할 수 있었을까. 많은 사람이 고구려의 '다물정신(多勿精神)'에서 그 힘의 근원을 찾는다. '다물'의 고구려 말은 '따물'로, '근원으로 돌아가 모두 회복한다'라는 뜻이다. 즉, 다물정신은 고조선의 땅과 정신을 다 물려받는 나라가 되겠다는 각오이자 비전이다. 역사상 다물정신을 내세워 온 국민과 뜻을 함께했을 때가 고구려의 전성기였고 왕과 귀족, 백성의 뜻이 흩어졌을 때 쇠퇴기를 맞았다. 국가란 국민 개개인의 집합체인 동시에 뜻의 집합체이기도 하다. 뜻이 흩어질 때 국가도 흩어지는 법이다.

비전은 바라봐야 하는 목적을 말한다. 나의 목적이 내가 평생 추구해야 할 신념이라면, 조직의 목적은 조직이 존재하는 한 끝없이 추구해야 할 가치다.

우리의 비전은 '농업인이 행복한 국민의 농협'이다. 그리고 농업인은 우리 모두를 하나 되게 하는 희망의 구심점이자 열정을 일으키는 동력이다. 농업인을 향한 비전으로 하나가 되고, 협동조합으로서 목적을 달성하기 위해 단결해야 한다. 단순히 서로가 서로에게 기대는 것을 단결이라고 하지 않는다. 혼자 일어선 개개의 강한 신념이 합쳐질 때 비로소 단결이 되고, 이를 동심(同心)이라 할 수 있다.

오늘이 바로
내일의 역사가 된다

정조의 신임이 두터웠을 때 다산 정약용의 주변은 늘 사람들로 넘쳐났다. 백성의 아픔을 공감하려는 임금을 위해 그는 밤을 새워가며 실용적이고 혁신적인 방안들을 쏟아냈다. 한강에 다리가 놓이고 수원성이 세워지던 때만 해도 그의 인생에는 행복만 계속될 것 같았다. 그러나 천주교를 믿는다는 이유로 귀양살이를 떠날 때 다산의 곁에는 아무도 없었다. 유배지에서도 사람들은 형벌이 두려워 그를 멀리했고, 다산은 채소를 심을 만한 땅 한 뼘조차 빌릴 수 없었다.

　다산은 생각했을 것이다. 이대로 유배지에서 흔적도 없이 사라질 것인가, 아니면 삶의 흔적을 남길 것인가. 후세 사람들이 사헌부의 탄핵문과 재판기록만으로 자신을 평가할까 봐 두려웠을 것이고, 비록 지금은 죄인이지만 다음 세상에서나마 제대로 평가받고 싶다는 마음도 있었을 것이다. 무엇보다 나라를 사랑하고 백성을 아끼는 자신의 진정성을 포기하고 싶지 않았을 것이다.

다산은 자식들에게 당장 벼슬을 얻지 못하더라도 공부를 게을리하지 말라고 당부했다. 그러고는 자신도 모범을 보였다. 복숭아뼈에 세 번이나 구멍이 나면서도 꼿꼿하게 앉아 18년 동안 저술에 전념했다. 무려 182책 503권에 달하는 방대한 작업이었다. 그 책을 통해 그는 빈곤과 착취를 해소하고 민생경제를 활성화할 개혁 방안들을 제시했다. 또한 관리의 올바른 자세를 설파하고, 법률의 공정한 집행을 주장했으며, 백성의 입장에서 행정·경제·사법의 총체적 개혁안들을 제시했다.

역사의 무게를 떠올리지 않았다면 다산은 유배지에서 수많은 좌절에 굴복해 병들었거나 정적들에게 밀려난 한 사람의 정치가로 생을 마쳤을지도 모른다. 그러나 다산은 역사가 박제되는 것이 아니라 끊임없이 재창조되는 것이라고 믿었다. 그래서 비관적인 현실 앞에 주저앉는 대신 낙관적인 미래를 바라보며 하루하루 의미를 채워가며 살았다.

영국의 정치학자 에드워드 카(Edward H. Carr)는 '현재와 과거의 끊임없는 대화'가 바로 역사라고 했다. 역사는 단순히 과거 사실들의 총합이 아니다. 또한 역사는 과거완료형이 아니며 끊임없이 현재에 영향을 미친다. 과거와 현재 그리고 미래는 서로 연결되어 존재한다. 카에 따르면 예정된 역사란 없으며 미래는 여러 갈래로 열려 있을 뿐이다. 지금 이 자리에서 어떻게 과거를 바라보고 어떻게 내일을 준비하느냐가 중요한 것이다.

따라서 농업협동조합의 역사를 어떻게 해석하든, 중요한 것은 그 역사적 인식이 고정되어서는 안 된다는 점이다. 고정되는 순간 역사가 말하려는 교훈은 사라지고 변화를 포기한 변명만 남게 된다.

1961년 농업협동조합이 생겼을 때만 해도 인구의 절반 이상이 농업에 종사하고 있었고, 40퍼센트가 넘는 국민총생산을 농업이 책임지고 있었다. 그럼에도 국민의 다수는 배불리 먹지 못했고, 낮은 농업생산성은 산업구조를 전환하는 데 큰 장애물이었다.

자본이 자체적으로 형성되지 못하고 농업 관련 사회간접자본이 부족하다 보니, 국가는 어쩔 수 없이 농업협동조합을 활용한 정책을 펼칠 수밖에 없었다. 영세한 농업인들은 농업협동조합의 조합원이 되어 국가의 증산 목표를 달성하고자 빠르게 달려

갔다. 농업인 개개인의 목표보다는 국가의 정책 목표가 우선이었기 때문이다. 그러다 급속한 산업화로 농업인들이 도시 노동자가 되면서 농촌의 노동력에 공백이 생겼고, 이를 농기계·비료·농약 등이 채워나갔다. 그런 과정을 거쳐 가난했던 농업 국가는 반도체, 자동차 등 최첨단 산업을 주력으로 하는 경제 규모 10위권의 부강한 나라가 됐다.

지금까지 한국의 경제 발전을 뒷받침해온 농업인과 농업협동조합의 역할은 절대 과소평가할 수 없을 것이다. 그러나 이제 농업 인구는 5퍼센트 수준으로 줄어들었고, 그중 65세 이상 고령 인구의 비율이 40퍼센트를 넘어섰다. 농촌은 늙어가고 있으며 농업소득은 좀처럼 반등하지 않고 있다. 그리고 여전히 수출에 의존하는 국가 경제는 늘 농업에 양보를 요구하고 있다.

그러므로 농업협동조합은 지금 농업에 주어진 과제들을 역사의 요구로 무겁게 받아들여야 한다. 대한민국 경제 성장의 산파 역할을 해온 농업인들을 어떻게 협동조합의 주인으로 일으켜 세울 것인가를 고민해야 한다. 또한 농업의 가치를 일깨우고 국민과 어떻게 함께할 것인지를 논의해야 한다. 비록 농업의 비중이 줄어들고는 있지만, 농업이 인류의 생명을 지켜준다는 사실은 결코 변하지 않기 때문이다.

눈 오는 아침 출근길, 발자국이 유난히 선명하다. 뒤에 오는 이의 길잡이가 된다며 눈길을 걸을 때 흐트러지지 말라던 서산 대사의 시가 떠오른다. 오늘이 바로 내일의 역사가 된다. 내일의 사람들이 누리게 될 '오늘'은 지금의 나에게 달려 있다. 다산의 번뇌가 생생히 와닿는다. 역사에 무엇을 남길 것인지 그 결정은 우리 자신이 해야 한다.

스스로의 선택을
믿고 기다려주는 일

퇴직 후 영농에 종사하며 평조합원으로 조용히 살아가겠다던 사람이 어느 날 조합장에 당선됐다. 그를 조합장으로 이끈 것은 수많은 조합원의 요구와 지지였다. 취임 후 그는 조합원들의 기대에 부응하고자 의욕을 불태웠다. 가장 먼저, 며칠 밤을 고민하며 조합을 분석하기 시작했다. 조합원의 연령과 영농 형태, 규모 등을 종합적으로 분석하여 최적의 사업을 제안하기 위해서다.

하지만 그의 계획안은 뜻밖의 반대에 부딪혔다. 그토록 지지해주던 조합원들이 조합장을 찾아와 막무가내로 항의하는가 하면 조합장에 대한 실망을 쏟아내기 시작한 것이다. 어떻게 하면 조합원들의 소득을 한 푼이라도 더 올릴 수 있을까 하는 마음에서 야심 차게 내놓은 계획인데, 상황이 이렇게 되고 보니 '괜히 조합장으로 나선 것은 아닐까' 하는 회의가 들면서 의욕마저 사라지고 말았다.

제3자의 입장에서 봤을 때도 조합장의 제안은 그 조합에 꼭 필요한 사업이었다. 시행착오야 당연히 있겠지만 장기적으로 보면 조합원들에게도 이득이 될 게 분명했다.

그렇다면 무엇이 문제였을까? 조합원들 스스로 사업에 참여하겠다는 의지를 끌어내지 못했다는 점이다.

조삼모사는 우리 모두가 잘 아는 이야기다. 중국 송나라 때 저공이라는 사람이 여러 마리의 원숭이를 길렀다. 먹이를 감당할 수 없게 되자 저공은 꾀를 내기로 했다. 먼저 아침에는 3개의 도토리를 주고 저녁에는 4개를 주겠다고 했다. 이에 원숭이들이 항의를 하자 저공은 다시 아침에 4개를 주고, 저녁에 3개를 주겠다고 했다. 그랬더니 원숭이들이 수용하고 기뻐했다는 이야기다.

흔히 조삼모사는 같은 결과를 가지고 눈앞의 이익에만 집착하는 어리석음을 꼬집거나 잔꾀로 남을 농락하는 상황을 일컬을 때 쓰인다. 그런데 관점을 달리하면 전혀 다른 이야기가 된다.

장자는 《열자》에 나오는 이 이야기를 다르게 해석했다. 장자는 처음 원숭이들이 제안을 거절했을 때 저공이 자신의 의견을 관철하려는 노력을 제대로 하지 않았다는 데 주목했다. 아무리 상대를 충분히 이해하고 있다고 해도 내가 곧 상대일 수는 없다. 그러니 자신의 진정성을 몰라준다며 상대방을 탓해서는 문제가 해결되지 않는다. 이럴 때는 상대방의 의견을 들어보고 상대방이 스스로 선택할 수 있게 해줘야 한다. 내주는 도토리의 양에 변화가 없음에도 수용 결과는 완전히 달라진다. 장자는 요샛말로 하면 소통과 상생의 방법론을 제시한 셈이다.

인간은 스스로 선택한 것에 대해 남다른 책임감을 가진다. 행동경제학에 많은 영향을 끼친 하버드대학교 심리학과 교수 엘렌 랭어(Ellen J. Langer)가 재미있는 실험을 했다. 두 그룹에 1달러짜리 복권을 구입하게 하는데, 한 그룹은 직접 번호를 선택해서 기입하게 하고 또 다른 그룹은 자동으로 발매된 복권을 구입하게 했다. 그런 다음 구매한 복권을 사려는 사람이 있을 때 팔 의향이 있는지, 판다면 얼마에 팔 것인지를 물었다.

그 결과 기계가 자동으로 번호를 생성한 복권을 산 사람들은 약 19퍼센트가 팔지 않겠다고 한 반면, 자신이 직접 선택한 번호로 복권을 구입한 사람들은 무려 38퍼센트가 팔지 않겠다고 답했다. 또 자동번호로 구입한 사람들은 평균 1.9달러에 되팔겠다고 했지만, 직접 선택한 번호로 구입한 사람들은 구매 가격의 무려 9배에 달하는 8.9달러에 팔겠다고 했다. 자신이 번호를 선택했든지 아니면 자동으로 부여된 번호이든지 간에, 복권 가격이 1달러라는 사실과 당첨 확률이 800만 분의 1이라는 것에는 변함이 없다.

이에 대해 랭어 교수는 사람들은 자신의 행위가 스스로 선택한 것이라고 믿을 때 훨씬 소중하게 여긴다고 설명했다. 같은 조건이라도 자신이 선택한 것에 대해서는 더 큰 책임감을 가지고 성취하고자 노력을 기울인다는 것이다.

협동조합의 사업 주체는 조합원이다. 아무리 조합원을 위한 사업이라고 해도 조합원 스스로 이해하지 못하면 실패할 수밖에 없다. 아니, 실행에 옮기는 단계에서부터 난항을 겪게 될 것이다. 조합원을 설득하는 최고의 방법은 조합원 스스로 대안을 선택할 때까지 믿고 기다려주는 것이다. 그 시간과 과정을 참아내기란 말처럼 쉬운 일이 아니지만, 그럼에도 그 방식을 선택해야만 한다. 왜냐하면 협동조합에서 조합원이란 동원의 대상이 아니라 동행해야 할 주체이기 때문이다. 동행은 상대방도 나와 같다는 믿음이 있을 때 시작된다. 그리고 그 믿음은 서로 자기 일이라고 믿고 논의하는 과정에서 생겨난다. 혼자 생각하는 것보다 다양한 생각이 조화를 이룰 때 더 나은 결과를 가져온다는 신념이 곧 협동조합의 힘이다.

학습된 성취감이
필요하다

20세기 자동차 산업의 선구자라고 하면 흔히 미국의 헨리
포드나 독일의 다임러, 벤츠 등을 떠올린다. 그래선지 자동차가
미국이나 독일의 발명품이라고 생각하는 사람들도 많다. 실제
로 미국·독일·프랑스 등을 중심으로 자동차 산업이 발달한
것은 사실이지만, 자동차를 최초로 만든 나라는 다름 아닌 영국
이다.

증기기관을 활용해서 차량을 만들려는 시도는 이전에도 있었
다. 하지만 지금처럼 바퀴가 4개 달린 증기자동차는 1801년에
최초로 등장했으며, 이를 만든 사람은 영국의 리처드 트레비식

(Richard Trevithick)이다. 당시는 마차가 주된 교통수단이었지만 시간이 지날수록 증기자동차가 대중 운송수단의 자리를 차지하게 됐다. 당연하게도, 마부와 마차업자들이 큰 타격을 입을 수밖에 없었다. 일자리를 잃고 사업 영역을 잃어버리게 된 그들은 변화의 흐름에 조직적으로 저항했고, 그렇게 끌어낸 법이 바로 '붉은 깃발 법(Red Flag Law)'이다.

붉은 깃발 법은 1865년에 제정되어 30여 년간 시행됐다. 이 규정에 따르면 자동차 한 대에 운전사와 기관원 그리고 붉은 깃발을 든 기수가 반드시 탑승해야만 했다. 그리고 자동차의 최고 속도도 시속 6.4킬로미터, 시가지에서는 3.2킬로미터로 제한했다. 기수의 역할은 자동차의 55미터 앞에서 차를 선도하는 것이었다. 이런 조치는 자동차가 마차보다 빨리 달릴 수 없게 하기 위해서였다. 이 우스꽝스럽고 시대착오적인 법 때문에 자동차라는 혁명적 수단은 결국 말보다 나을 게 없는 애물단지로 전락하고 말았다.

이로 인해 영국은 자동차 산업을 가장 일찍 시작했음에도 뒤처질 수밖에 없었고, 결과적으로 독일·미국·프랑스에 주도권을 내주고 말았다. 오늘날 붉은 깃발 법은 새로운 기회를 가로막는 특정 이해집단의 그릇된 관행과 관성, 변화를 거부하는 조

직의 고질병을 상징하게 됐다.

마차보다 빨리 달릴 수 없는 자동차 이야기를 먼 나라의 바보 같은 일화로만 치부할 수는 없다. 어느 시대, 어느 조직이든 변화와 혁신을 거부할 때 붉은 깃발 법 같은 시대착오적인 판단을 할 수 있기 때문이다. 오랫동안 기업의 변화관리 프로젝트를 담당해온 어느 컨설턴트는 이렇게 말했다.

"10년 전 당시의 인터뷰 기록을 보니, 지금과 똑같은 불만과 문제점들이 적혀 있었다. 그리고 그 원인들도 그때와 별반 다르지 않다."

협동조합도 지난 수십 년 동안 변화와 혁신을 외쳐왔지만, 조합원과 국민의 눈높이에서 봤을 때 만족스러운 결과를 냈다고 자부할 수 없다. 오히려 외부의 힘에 떠밀려 변화해야 했던 가슴 아픈 역사가 있다.

변화와 혁신이 안 되는 것은 구성원들이 변화의 필요성을 느끼지 못해서가 아니다. 변화를 위해 노력해봐야 크게 달라질 것 같지 않다는 비관주의와 근시안적 냉소주의가 만연하기 때문이다. 이를 두고 미국 펜실베이니아대학교의 마틴 셀리그먼(Martin E. P. Seligman) 교수는 '학습된 무기력'이라고 했다.

마틴 셀리그먼은 원숭이를 대상으로 한 실험을 통해 이 개념을 설명한다. 연구팀은 먼저 원숭이 우리에 바나나를 매달아 놓았다. 그러고는 원숭이들이 바나나를 먹기 위해 줄을 타고 올라갈 때마다 찬물을 뿌려댔다. 여러 차례 시도해보지만 번번이 강한 물줄기를 맞고 바닥으로 떨어지자 줄을 타고 오르려는 원숭이들이 점점 줄었고, 마침내 누구 하나 줄을 타지 않게 됐다.

그다음 연구팀은 이런 경험을 하지 않은 새로운 원숭이를 무리에 넣었다. 새로 온 원숭이는 당연히 바나나를 먹기 위해 줄을 잡으려 했지만, 우리 안에 있던 대장 원숭이가 제지했다. 새로 들어온 원숭이 때문에 다른 원숭이들까지 덩달아 찬물 세례를 받게 되리라는 걸 알고 있었기 때문이다.

연구팀은 원래 있던 원숭이와 새로운 원숭이를 한 마리씩 교체했고, 마침내 우리에는 직접 찬물 세례를 받아본 원숭이가 한 마리도 남지 않게 됐다. 그런데 신기한 것은 찬물 세례를 받아본 적이 없으면서도 바나나를 먹기 위해 줄을 타고 오르는 원숭이가 없었다는 것이다. 이유는 아무도 모르지만, 이들에게 우리에 매달린 바나나는 '따 먹으면 안 되는 대상'이 돼버린 것이다.

변화에 대한 무기력감에 빠진 구성원이 늘어날수록 조직은 변화의 힘을 잃어버린다. 변화와 혁신을 위한 실행 계획들을 아무리 잘 만들어놔도 근본적인 변화를 가져오지 못하는 이유는 바로 이 학습된 무기력 때문이다.

협동조합은 그동안 조직은 물론 구성원 역시 변화에 대한 고정관념을 떨쳐내기 위해 많은 노력을 해왔다. 기능이 중첩되는 조직들은 통합했고, 불필요한 의전은 과감하게 줄였다. 수직적이고 완고한 조직문화를 수평적이고 자율적인 문화로 바꿔왔으며, 직원들에게 스스로 주어진 책임만큼 권한을 주려고도 노력했다. 많은 규정과 규제가 발을 묶어 새로운 일에 도전하지 못하게 하는 건 아닌지 그간의 관행을 들여다보기도 했다. 하지만 '구슬이 서 말이어도 꿰어야 보배'라고 하지 않았던가. 학습된 무기력을 끊어내지 못하고, 붉은 깃발 법처럼 변화를 거부하는 시스템이 여전히 작동하는 한 우리의 모든 노력은 물거품이 될 것이다.

새로운 것을 시도하려 할 때 누군가가 "그게 되겠어?"라고 한다면 "그래도 해봐야지!"라고 응수할 일이다. 찬물 세례에 굴하지 않고 위로 올라가려는 시도가 필요하다. 누군가는 끝내 이겨내고 바나나를 손에 쥘 것이다. 한 사람이 성공의 체험을 보여주면 더 많은 시도가 뒤를 이을 것이다. 우리에게 필요한 것은 '학습된 성취감'이다.

어딘가 분명
열쇠는 있다

아프리카 말라위의 작은 학교에서 창밖을 보고 있던 한 소년이 선생님에게 불쑥 질문을 던졌다.

"왜 다 같은 땅인데 저 땅만 풀이 잘 자라나요?"

"같은 땅이라도 일구고 농사짓는 사람들이 하기 나름이니까."

"왜 다른 땅은 그렇게 못 하죠?"

소년 나폴레옹 좀베의 마음속에 꿈이 싹트는 순간이었다.

'저런 땅을 잘 가꾸면 가난한 사람들도 모두 배불리 먹을 수 있겠지?'

그로부터 10년 뒤 청년 좀베는 스스로 학교를 떠났다. 가난 때문에 더는 학업을 이어갈 수 없다고 판단했다. 그는 가족의 유일한 재산이었던 소를 팔아 땅콩 농사부터 시작하면서 어릴 적 꿈을 실천해나갔다. 혼자 농사를 짓는다는 건 참으로 무모한 일이었지만, 성실한 좀베는 온갖 어려움을 견디며 결국 땅콩 농사를 성공적으로 일구어냈다. 하지만 좀베는 거기서 만족하지 않았다. 그는 사재를 털어 병원을 짓는 등 가난한 조국을 위한 헌신의 길에 나섰다.

좀베의 자선활동을 우연히 접하게 된 한 기업에서 구호물자를 보내주기 시작했다. 하지만 좀베는 구호물품에만 의존하려는 주민들을 보며 이렇게 해서는 도저히 가난에서 벗어날 수 없다고 생각했다. 그래서 후원 기업에 구호물품을 지원해주는 대신 공장을 세워달라고 요청했다. 단순한 도움보다 자립할 힘이 더 중요하다고 여긴 것이다.

이 요청을 받아들인 후원 기업은 2004년 말라위에 바이타밀(영양실조 어린이를 위한 구호식량) 생산 공장을 지어줬다. 그 덕에 500여 명이 일자리를 갖게 됐고, 공장에서는 매일 6,000포대의 영양식을 만들어 전국 보육원에 전달했다. 그리고 지금까지 말라위 공장을 중심으로 5억 5,000만 끼가 넘는 바이타밀이 전 세계에 공급됐다.

좀베는 후원 기업의 도움을 받아 2007년에 농업학교도 세웠다. 그는 말라위의 땅이 안 좋은 것이 아니라 농사짓는 방법을 모르기 때문이라고 생각했다. 그의 생각은 옳았다. 농업학교를 졸업한 학생들이 농사에 뛰어들면서 말라위의 농업 생산량이 무려 7배나 증가했다. 학생들은 마을로 돌아가 기술을 널리 전파했고, 그 결과 자립한 농민 수가 7,000명을 넘어서게 됐다.

가난한 국가와 국민을 경제적으로 자립시키며 운명까지 바꾼 좀베는 말라위의 영웅이 됐다. 그리고 수십 년이 지난 지금도 그의 꿈은 여전히 현재진행형이다.

좀베의 이야기에서 한 사람의 노력이 나라 전체의 운명을 바꿀 수 있다는 사실에 새삼 놀랐다. 그는 단순히 끼니를 해결하는 차원이 아니라 보다 근본적이며 반영구적인 해법을 찾고자 했다. 그의 노력을 보며 '봉산개도 우수가교(逢山開道 遇水架橋)'를 떠올린다. 산을 만나면 길을 열고 물을 만나면 다리를 놓아 건너듯, 포기를 모르는 열정이 느껴져서다. 모든 문제와 난관에는 해결책도 반드시 들어 있다. 문제가 아무리 어렵고 까다롭더라도 어떻게든 해결책을 찾으려는 사람에게는 길이 보이게 마련이다.

"농산물이 제값을 받지 못한다."

"농약, 농자재 가격이 너무 비싸다."

"농촌에 사람 구하기가 어려워 농사짓기가 갈수록 힘들고 인건비 부담이 크다."

농업인들을 만날 때마다 다들 농촌 현장의 어려움을 한목소리로 쏟아낸다. 그 목소리에서 농업이 어떤 일보다 힘들고 소득도 변변치 않으며 사회로부터 제대로 인정받지도 못한다는 아쉬움이 느껴진다. 농업인들은 우리나라 경제 발전의 숨은 공로자이면서도 한편에선 가장 큰 피해자라고 할 수 있다. 하지만 아무리 늙고 병들어도 움직일 힘만 있으면 논으로, 밭으로 일하러 나가는 것이 이 땅의 농업인들이다. 그것이 천직이자 소명이라 믿기 때문이다.

'귀 밝은 개는 벼 자라는 소리도 듣는다'라는 속담이 있다. 입추 때는 벼가 한창 자라는 시기라 그 소리가 들릴 정도라는 뜻이다. 벼가 쑥쑥 자라기를 바라는 농민의 간절한 마음이 느껴지는 속담이다. 그 간절한 마음을 잘 들어주기 위해 우리는 귀를 밝혀야 한다.

말라위의 영웅 좀베처럼 농업인들의 삶의 질을 높이기 위한 보다 근본적인 해결책을 모색할 필요가 있다. 끈기 있게 매달려 농업에 대한 인식을 변화시켜야 한다. 농업인들의 자조를 달래주어야 한다. 힘들다, 어렵다, 불가능하다는 생각에 머무른다면 아무것도 달라지지 않는다. 문이 잠겨 있다는 것은 어딘가 열쇠가 있다는 의미이기도 하다. 열정을 담아 열쇠를 찾는다면 문은 쉽게 열릴 것이다.

희망의 출구가
되어주는 농촌

1984년 유엔 식량농업기구(FAO)는 당시 곡물 생산 능력으로 세계 인구 60억 명의 2배까지 먹여 살릴 수 있으리라고 발표했다. 물질적 생산력을 갖춘 자본주의 시대는 경제학의 아버지 애덤 스미스(Adam Smith)가 말한 '보이지 않는 손'의 합리성으로 인류에게 번영을 가져다준 듯했다. 인구가 증가할수록 기아 문제가 심각해질 거라는 두려움이 있었지만, FAO의 발표가 두려움을 완화해주었다.

하지만 예측은 실패했다. 식량 생산은 늘어났지만 현재도 여전히 지구촌에는 10억 명이 넘는 인구가 굶주림에 시달리고 있고, 굶주림이나 굶주림과 관계된 원인으로 하루에도 수많은 사람이 목숨을 잃고 있다. 이 문제는 인류의 생존을 위해, 그리고 인간의 존엄성을 지키기 위해 반드시 극복해야 할 과제다. 게다가 FAO에서는 현재 76억 명인 세계 인구가 2050년이 되면 100억 명으로 늘고, 식량 수요도 50퍼센트 이상 증가할 것으로 예측하고 있다. 농업은 인류가 존재하는 한 결코 사라질 수 없으며, 여기서 더 발전시키지 못한다면 인류 역사상 가장 심각한 문제에 처해질 수 있다.

인류의 식량 부족 문제는 인구 증가뿐만 아니라 그 밖의 여러 변수들로 인해 갈수록 가중되고 있다. 이런 주제들은 최근의 영화에서도 부각되고 있다.

봉준호 감독의 영화 〈설국열차〉는 칸별로 분리된 계급들의 투쟁을 그리고 있지만, 시각을 바꾸어 사람들이 왜 설국열차를 탈 수밖에 없었는지를 주목할 필요가 있다. 뜨거워진 지구를 식히고자 살포한 화학물질이 지구를 빙하기로 만들었고, 가까스로 살아남은 사람들이 필사적으로 열차에 올랐던 것이다. 그런가 하면 크리스토퍼 놀런(Christopher Nolan) 감독의 영화 〈인터스텔라〉는 대기를 뒤덮은 황사 먼지와 병충해 때문에 식량 고갈 상황과 맞닥뜨린 인류가 농사를 지을 수 있는 새로운 행성을

찾아 떠난다는 설정이다.

이 영화들은 기후 변화에 대한 경고이자 잘못된 해결책을 선택했을 때 오히려 인류의 생존을 위협할 수 있다는 메시지를 담고 있다. 실제로 지구 온난화를 비롯한 기후 문제로 세계 곳곳에서 물 부족 또는 물난리를 겪고 있으며, 이로 인해 가장 타격을 받는 부분이 바로 농업 분야다. 지구촌을 위협하는 기후 변화가 식량 부족과 농산물 가격 급등, 기아 및 영양실조를 더욱더 심화시키고 있다.

최근 세계적인 기업들은 기후 변화와 식량 부족 등으로 인해 발생할 미래 먹거리 문제에 발 빠르게 대응하고 있다. 특히 현재도 세계 농식품 시장 규모가 6조 3,000억 달러로 IT와 자동차 시장을 합한 것보다 큰데, 이 점이 매력적으로 보였을 것이다. 구글, 아마존, 소프트뱅크 등 세계적인 기업들은 이미 농업을 공략 타깃으로 삼았다.

구글이 운영하는 비밀 연구소 '구글X'의 총괄자인 아스트로 텔러(Astro Teller)는 농업이 차세대 먹거리 사업이라는 입장을 밝히며 이렇게 말했다.

"현재 농업은 규모가 최대이면서 가장 효율이 낮은 산업으로, 이를 극복하면 엄청난 기회가 열릴 것이다."

남들이 보지 못하는 가치를 만들어온 그들의 눈에 농업은 기회의 땅이자 미래 가치의 보고로 비친다.

그런가 하면 4차 산업혁명 열풍도 농업에 대한 기대감을 한층 더 높이고 있다. 4차 산업혁명을 통해 그동안 농업 침체의 원인이 됐던 여러 제약 조건을 극복해낼 수 있으리라는 전망이 가능해진 것이다. 그런 기대를 입증하듯 이미 스마트팜을 주력으로 하는 농업 기업들이 하나둘 늘어가고 있다. 새로운 기술을 적용한다면 혁신을 이루어낼 수 있는 것들이 무궁무진하다고 보기 때문이다. 그래서 4차 산업혁명 시대를 맞아 농업도 기술과 자본이 결합한 형태로 변화될 거라는 예측들이 나오고 있다.

최근 멋지게 양복을 입고 트랙터를 운전하는 일본의 한 청년이 이슈가 됐다. 그는 직장 농업인이라는 새로운 아이콘을 구현해냈다. 전통적인 농사의 개념을 넘어 논밭을 직장으로 여기게 될 시대가 머지않은 듯하다.

이제 우리나라 청년들도 새로운 시각으로 농업을 바라보고 인식을 새롭게 해야 한다. 정부 역시 산업 분야로서 농업뿐 아니라 과학기술, 환경 등 다각적이고도 세심한 관리를 해나가야 한다. 그리고 농업이야말로 국민 모두가 소중히 가꿔가야 할 미래 산업이라는 인식을 가질 수 있도록 꾸준히 노력해야 한다.

과거 기성세대는 "정 할 일이 없으면 농사나 지으러 내려가야지"라고 했다. 하지만 다가올 시대는 "그곳에 미래가 있으니 가서 성공을 일구어내겠다"라는 신념을 갖고 농업, 농촌을 찾도록 해야 한다. 아직도 희망의 출구를 찾지 못하는 이 땅의 많은 젊은이가 미래의 블루오션인 농촌에서 당당한 삶을 만들어갔으면 한다.

도시와 농촌의
상생을 위한 나눔

———
———
———

제임스 해리슨(James Harrison)이라는 남자가 있다. 그는 10대 후반에 헌혈을 시작하여 여든 살이 될 때까지 총 1,173번의 헌혈을 하여 '황금 팔을 가진 사나이'라는 별칭을 얻었다. Rh- A형이라는 희귀한 혈액형을 가진 그는 처음 헌혈을 할 때 자신에게 레소스병(Rh병)을 치료할 수 있는 희귀한 항체가 있다는 사실을 알게 됐다고 한다. 레소스병이란 임신부와 태아의 Rh 혈액형이 다를 경우 엄마의 혈액이 아기의 혈액세포를 파괴하여 목숨을 빼앗는 무서운 질병이다. 당시 의료 기술로는 치료할 방법이 없었는데, 제임스의 피에서 이 공격을 차단할 수 있는 유일한 항체가 발견된 것이다.

그때부터 제임스는 아기들을 살리기 위해 헌혈을 하기로 다짐하고, 매달 두 번 이상 꾸준히 병원을 드나들었다. 이후 의료진이 제임스의 피를 이용해 Rh병의 치료제인 '안티-D' 백신을 만들었고, 그 덕에 수많은 아기의 목숨을 살릴 수 있었다.

어린 시절 심장 수술을 해야 했던 제임스는 희귀한 혈액형 때문에 수술에 필요한 혈액을 쉽게 구할 수 없었다. 간신히 수혈을 받고 기적적으로 목숨을 구한 그는 이렇게 다짐했다고 한다.

"얼굴도, 이름도 모르는 사람들의 도움으로 내가 살아날 수 있었다. 앞으로 평생 남을 위해 봉사하며 살아가겠다."

지금까지 헌혈을 통해 그가 살려낸 신생아 수는 무려 240만 명에 달한다. 얼굴도 이름도 모르는 사람들의 도움이 그가 평생의 나눔을 실천하도록 이끈 것이다.

대부분 사람은 '나눔'이라고 하면 크고 거창한 것을 떠올리곤 한다. 하지만 꼭 가진 것이 많거나 여유가 있어야만 나눌 수 있는 것은 아니다. 작은 재능이나 따뜻한 말 한마디, 소소한 관심도 누군가에게는 큰 도움이 될 수 있다. 30년 넘게 '찾아가는 이발소'를 운영하며 고향 어르신들의 머리를 깎아주는 이발사, 갈 곳 잃은 아기들을 돌봐주는 위탁모, 공연으로 거둬들인 수익금을 기부하는 가수 등 우리 사회에도 나누는 문화가 점차 확산되고 있다.

전남 구례의 운조루(雲鳥樓)는 나눔의 가치를 잘 보여주는 곳이다. 남한 3대 명당 중 하나로 불리는 곳에 자리 잡고 있으며, 조선 영조 때 무관 류이주가 지은 99칸 규모의 이 저택 헛간에는 구멍이 뚫린 뒤주가 놓여 있다. 이 뒤주에는 '타인능해(他人能解)'라는 글씨가 쓰여 있는데, 말 그대로 다른 사람이 열어도 된다는 의미다. 류이주 선생과 그 후손들은 굶주린 사람이라면 누구라도 곡식을 퍼갈 수 있도록 뒤주를 마련하고, 사람들이 잘 다니지 않는 곳에 두어 뒤주를 찾는 사람들에 대한 배려도 잊지 않았다. 운조루는 동학농민운동, 여순사건, 6·25전쟁 등 크고 작은 전란에도 불타지 않고 230여 년 넘게 원형 그대로 보전되고 있다. 운조루의 도움을 받은 수많은 사람이 이곳만큼은 목숨을 걸고 지켜냈기 때문이다.

어느 나라건 도시와 농촌은 늘 공존한다. 그런데 도시는 마치 부모에게 그러듯 농촌의 희생을 당연시하는 경향이 있다. 도시와 농촌 역시 상생의 선순환이 이루어져야 하지 않을까? 나눔이란 것이 일방통행이 될 수는 없지 않은가. 나눔이란 남을 위한 행위인 동시에 나를 위한 행위다. 나눔을 통해 물질적으로는 얻을 수 없는 그 이상의 무엇인가를 얻을 수 있기 때문이다.

도시가 농촌에 행복을 나눠주는 방법은 생각보다 많다. 우선 우리 농산물을 적극적으로 이용하는 일부터 농촌으로 휴가를 떠나는 일 등을 떠올릴 수 있다. 여기서 더 나아가, 보다 창의적인 나눔을 생각해볼 수도 있다. 최근에 많이 논의되고 있는 '고향 사랑 기부제'가 한 예다. 이른바 '고향세'라고도 불리는 고향 사랑 기부제는 자기 고향이나 자신이 원하는 농촌 지역에 일정액을 기부하는 제도를 말한다. 기부를 통해서 지역 발전에 도움을 줄 수 있고, 기부한 금액에 대해서는 세액공제 등의 혜택도 받을 수 있다.

이를 통해 지방재정이 튼튼해지면 농촌 경제가 살아나고, 도시와의 균형 있는 발전도 이룰 수 있다. 또 지자체에서는 기부에 대한 답례품으로 지역특산품을 보내주면서 지역농산물을 홍보하며 소비를 이끌 수도 있다. 그처럼 농산물 판로가 확대되면 농가소득이 향상되고, 소비자들 역시 안전한 우리 농산물을 식탁에 올리는 일석이조의 효과를 거둘 수 있다.

우리는 흔히 여유가 없다는 이유로 나눔을 미루곤 한다. '행복해서 웃는 게 아니라 웃어서 행복하다'라는 말이 있듯이, 여유가 있어서 나누는 것이 아니라 나누기에 여유가 생기는 것이

다. 의지만 있으면 누구나 쉽게 할 수 있는 것이 나눔이다. 이름
도 얼굴도 모르는 수많은 아이를 위해 기꺼이 팔을 걷어붙였던
'황금 팔을 가진 사나이'처럼 누군가를 위해 손을 내미는 '황금
손'들이 우리 주변에 많아지기를 바란다. 도시와 농촌의 상생을
끌어내는 소중한 나눔이 황금 들녘을 더욱 알차고 풍요롭게 하
리라 믿는다.

최초가
곧 최고다

식당가를 걷다 보면 그야말로 두 집 건너 하나씩 '원조'라고 적힌 간판이 보인다. 대부분 맛집으로 소개된 가게들이다. 그런데 막상 소문을 듣고 찾아가 맛을 보면 고개를 갸우뚱하게 되는 경우가 적지 않다. 아마 그런 경험을 하고 허탈함을 느낀 사람이 많을 것이다. 그런데도 사람들은 왜 이토록 원조에 열광하는 걸까?

원조, 최초라는 단어가 가지는 힘은 실로 대단하다. 한국 최초로 유럽에 진출한 축구선수가 누구냐고 묻는다면 다들 대번에 차범근 선수를 이야기할 것이다. 그러나 두 번째 또는 세 번째로 진출한 사람이 누구냐고 묻는다면 아무도 대답하지 못할 것

이다. 이것이 '최초'의 힘이다. 어느 개그맨의 우스갯말처럼 일
등만 기억하는 세상인 것이다.

　최초의 힘은 마케팅에도 적극적으로 활용되고 있다. 예를 들
어 최초로 도입된 상품 브랜드는 그 제품의 대명사처럼 쓰인다.
손가락을 다쳐 약국에 갔을 때는 누구나 '대일밴드'를 찾지 '의
료용 밴드'를 달라고 말하진 않는다. 코카콜라, 스카치테이프,
박카스, 프림 등의 브랜드가 해당 제품의 대명사로 쓰인다. 하나
같이 선점 효과를 통해 독보적인 위치를 확보한 제품들이다. 물
론 최초의 브랜드가 시장에서 무조건 1위를 한다는 의미는 아
니지만, 최초가 성공할 확률이 높은 것은 사실이다.

　우리나라 최초의 버스는 1911년 일본인이 들여온 8인승 포
드자동차였다. 마산시와 삼천포 사이를 운행했던 이 버스에는
평균 10명 정도가 탑승했던 것으로 기록되어 있다. 당시 버스 요
금이 쌀 한 가마니에 해당하는 가격이었다고 한다. 그래서 승객
은 주로 부자들이었고, 일반인은 그저 구경만이라도 해보려고
온종일 길거리에 서서 기다릴 만큼 버스는 선망의 대상이었다.

　한국 최초의 TV를 출시한 기업은 LG의 전신인 럭키금성이었
다. 500대만 한정해서 생산한 이 TV를 사려고 난리가 나는 통
에 결국 KBS 방송국에서 공개적으로 추첨을 해야만 했다. 이

최초의 TV는 당시 쌀 한 가마니보다 무려 30배나 비쌌다.

사람들 뇌리에 오래도록 남으려면 '최초'라는 이름으로 인식
되게 하면 된다. 물론 최초가 아니면서 최초로 인식되게 할 수
도 있는데, 여기에는 엄청난 노력이 필요하다. 김치냉장고의 대
명사가 된 딤채를 보면 알 수 있다. 딤채가 나오기 전에 이미 김
치냉장고가 출시되어 있었다. 그럼에도 오늘날 딤채가 김치냉
장고의 대명사처럼 불리는데, 그 과정에는 엄청난 노력과 특별
한 전략이 숨어 있었다.

처음 딤채가 출시됐을 때는 거의 관심을 받지 못했다. 삼성이
나 LG 같은 대기업 제품도 아닐뿐더러 경쟁 업체에서도 '집에
이미 냉장고가 있는데 누가 김치냉장고를 따로 사겠는가?' 하
고 대수롭지 않게 여겼다. 딤채는 대기업들이 주로 TV나 라디
오를 통해 광고하는 전략과 달리 입소문, 즉 버즈 마케팅을 펼
쳤다. 주부들의 입을 통해 딤채의 성능과 효과를 퍼뜨리기로 한
것이다. 우선 200명의 주부평가단을 모집해서 3개월간 김치냉
장고를 무료로 사용하게 하고, 그들이 구매하겠다고 하면 반값
에 구매할 수 있게 해줬다. 지금은 흔한 마케팅 기법이지만 당
시로써는 매우 파격적인 전략이었다.

그 전략이 적중했다. 김치냉장고를 써본 주부들이 김치를 따

로 보관하는 편리함과 김치 맛을 지켜내는 성능을 입소문으로 퍼뜨리면서 딤채의 명성이 수직상승했다. 딤채를 구입하기 위해 주부들 사이에 계 모임을 만들 정도였다니 인기가 어느 정도였을지 충분히 짐작할 수 있다. 비록 최초는 아니었지만 최초가 되기 위한 노력으로 이루어낸 성과다.

거꾸로, 최초임에도 사람들의 인식 속에서 최초가 되지 못한 사례도 있다. 20여 년 전 베를린에서 열린 G7 회담에서 앨 고어 당시 미국 부통령의 연설에 이런 내용이 담겼다.

"금속활자를 세계 최초로 발명한 나라는 대한민국이고, 이를 통해 인류 문화사에 영향력을 미친 나라는 독일이다."

금속활자를 최초로 발명한 것은 고려가 맞지만 활판인쇄로 실용화와 대중화를 이끈 것은 독일의 구텐베르크였다는 뜻이다. 이 연설은 당시 꽤 이슈가 됐다. 세계 최초라는 타이틀을 두고 두 나라의 명예가 걸린 문제였기 때문이다. 그런데 앨 고어 부통령이 시기는 고려의 손을 들어주고, 대중화는 독일의 손을 들어줘 두 나라가 모두 명예를 지키게 됐다.

그 근거는 이렇다. 고려는 당시 책에 대한 소비가 감소함에 따라 출간 비용을 줄일 목적으로 금속활자를 도입했기 때문에 금속활자의 유용성을 널리 알리지 못했다. 오히려 고려의 불심을 지키려는 소수가 금속활자를 감추기까지 했다. 반면 독일의

금속활자는 당시 유럽에서 책에 대한 소비가 늘어 목판으로 인쇄할 때보다 더 높은 효율을 내기 위해 도입되었기에 많은 사람에게 알려졌다.

최초의 금속활자에 대한 논쟁은 발명 시기를 다투는 문제이기도 하지만, 이미 사람들의 머릿속에 자리 잡은 최초라는 이미지를 바꾸는 것이 그만큼 어렵다는 점을 여실히 보여줬다.

'최초'라는 타이틀은 소비자들에게 각인되기 쉽고, 선점 효과를 가져다주며, 미래 가치에 대한 기대감까지 높여준다. 이렇게 보면 시장에서 최고가 되는 가장 손쉬운 방법은 최초가 되는 것이 아닐까?

대한민국 먹거리를 책임지고 있는 우리에게 '최초'라는 시장은 무한히 열려 있다. 이른바 '먹방' 프로그램이 대세인 최근 방송의 영향이건 문화적 변화의 영향이건, 온 국민이 먹거리에 지금처럼 높은 관심을 보였던 적이 없지 않은가. 앞으로도 이 추세는 계속 이어질 것으로 예상된다. 기회는 화살과도 같다. '우리 농산물, 우리 먹거리' 하면 사람들이 농협을 가장 먼저 떠올릴 수 있도록 그 화살에 '최초'라는 이름을 붙여 날려보자. 사람들의 뇌리에 날아가 꽂혀 오래도록 기억되게 해보자.

고난을 극복하게 해주는
지혜로운 역설의 힘

—
—
—

'아무리 슬퍼도 늘 즐거운 얼굴을 한다.'

어떤 사람의 좌우명이다. 어디서나 들을 수 있는 평범한 다짐 같지만, 이 좌우명의 주인이 빈센트 반 고흐라면 좀 다르게 느껴질 것이다. 누구보다 불행하게 살다 간 예술가의 이 아이러니한 좌우명은 그래서 오히려 더 간절하게 다가온다. 고흐는 정신병원에 갇혀 고통스러운 나날을 보내는 와중에도 동생에게 보낸 편지에서 '행복과 불행은 둘 다 인생에 꼭 필요한 가치'라고 말했다. 늘 '도대체 언제쯤 행복해질까' 하며 살아가는 우리에게 고흐의 좌우명은 묵직한 '역설의 위안'으로 들린다.

역설과 반전은 영화나 소설, 드라마에서 흥미를 최고조로 끌어올리는 요소로 작용한다. 어쩌면 우리 삶에서도 마찬가지가 아닐까? 비극적인 삶 가운데 가장 아름다운 작품을 남긴 고흐의 예를 들지 않더라도, 우리 주변엔 악조건을 딛고 성공적인 삶을 살아간 사람들의 수많은 이야기가 존재한다. 주어진 현실에 굴복하지 않을 때 역설은 희망이 된다.

런던의 어느 길모퉁이에서 구두를 닦으며 살아가는 한 소년이 있었다. 빚 때문에 아버지가 감옥에 갇히자 생계를 위해 어쩔 수 없이 구두닦이로 나선 것이다. 하지만 그 소년은 늘 노래를 부르면서 즐겁게 구두를 닦았다. 구두 닦는 일이 뭐가 즐겁냐는 손님들의 질문에 소년은 이렇게 대답했다. "저는 지금 구두를 닦는 게 아니라 희망을 닦고 있으니까요."

이 소년은 자라서 영국을 대표하는 세계적인 작가가 된다. 소년의 이름은 찰스 디킨스(Charles Dickens), 누구나 한 번쯤은 읽어봤을 《크리스마스 캐럴》의 저자다. 가난과 역경이라는 척박한 삶에 희망의 씨앗을 심는 소년 디킨스의 여유에서 우리는 '역설의 희망'을 만나게 된다.

일본을 대표하는 기업가 마쓰시타 고노스케는 성공의 비결을 묻는 기자들에게 '가난했고, 배우지 못했으며, 몸이 허약했기 때문'이라고 대답했다.

"가난했기 때문에 신문팔이, 구두닦이 등을 하며 세상 사는 지혜를 얻을 수 있었습니다. 배우지 못했기 때문에 만나는 사람들을 모두 스승으로 여길 수 있었습니다. 몸이 허약했기 때문에 평생 운동을 하며 건강관리를 할 수 있었습니다."

'가난 탓, 못 배운 탓, 허약한 탓'을 '가난 덕분에, 못 배운 덕분에, 허약한 덕분에'로 바꾼 데서부터 그는 이미 보통 사람의 삶과는 다른 궤적을 그리기 시작한 것이다. 결핍을 풍요로, 저주를 축복으로 반전시킨 그의 삶은 가히 '역설의 축복'이라 하지 않을 수 없다.

고난과 역경을 대하는 자세는 사람마다 다르다. 어려움이 닥칠 때마다 회피하려는 사람이 있는가 하면 그 어려움을 정면으로 부딪쳐 극복해내고자 하는 사람도 있다. 특히 무언가 보상이 주어지는 일보다는 아무런 대가 없이 의미 있거나 가치 있는 일을 하다가 어려움을 맞이할 때, 사람들은 회의감에 빠져들고 지속할 힘도 더 쉽게 잃곤 한다. 누구도 알아주지 않는 일을 할 때면 포기하기가 한결 수월하기 때문이다.

협동조합의 사업 중에서도 수익을 추구하는 부문에서는 손에 잡히는 수익과 향상된 수치가 눈에 보이기 때문에 나름의 목표의식과 조직 기여감이 확실한 편이다. 반면 가치를 추구하는 일일 때는 열심히 노력하는데도 속도가 더디거나 효과가 잘 드러나지 않아 쉽게 지칠 수 있다. 그뿐 아니라 추진 과정에서 방향성에 대한 의구심이 수시로 들기도 한다. 가치를 추구하는 데 가장 큰 장애물인 셈이다.

이런 어려움에 처해 불안해하거나 불만족스러운 일에서 벗어나고 싶어 하는 이들에게 필요한 것이 바로 지혜로운 역설의 힘이다. 이들에게는 가치에 대한 확신을 지속적으로 일깨워주고, 함께 가고 있는 길의 방향성을 안내해주어야 한다. 정형화되고 무미건조한 삶보다는 가치를 추구하는 삶, 수많은 난관이 있지만 그것을 극복하고 해결하는 삶을 포기하지 않을 때 비로소 역설의 힘이 작용한다.

과거에 정주영 회장은 직원들이 난관에 부딪혀 어렵다는 이야기를 할 때마다 "어려움은 극복해야 할 대상이지 걸려서 넘어지라고 있는 것이 아니다"라고 했다.

어떤 일에도 어려움은 있기 마련이다. 행복한 사람은 어려움이 없는 사람이 아니라 그 어려움을 스스로 극복할 수 있는 사람이다. 행복 역시 어려움에 어떻게 대처하느냐에 달렸다는 뜻이다. 풍랑이 높은 바다에서 배가 전복되지 않게 하려면 파도를

직시해야 한다. 역경의 바다를 헤쳐나가기 위해서는 그 역경을
온몸으로 받아내야 한다. 그것이 바로 역설이 주는 교훈이다.

목적 없는 목표는
허울에 불과하다

공자와 같은 시대를 살았던 제나라의 명제상 안영은 늘 근
검절약을 실천하여 백성의 높은 신망을 받았다. 안영은 제나라
경공이 공자를 등용하려고 할 때 적극적으로 막아선 것으로도
유명한데, 이때 그가 내세운 논리가 선질후문(先質後文)이었다.
바탕이 장식보다 앞선다는 뜻이다. 공자가 좋은 말은 많이 하지
만 그의 말이 정작 나라를 경영하는 데에는 실질적인 도움이 안
된다는 것이었다. 요샛말로 하자면 '나라가 어려운데 무슨 공자
님 말씀이냐' 정도가 된다.

그에 대한 답으로 공자는 문질빈빈(文質彬彬)을 내세웠다. 겉모

습의 꾸밈과 내면의 바탕이 빛나는 조화를 이루어야 한다는 의미다. 교언영색(巧言令色)을 소인들이나 하는 행동이라며 꾸짖던 공자가 안영과 언쟁을 했다는 것은 다소 이해하기 힘들다. 하지만 좀더 자세히 들여다보면 공자의 깊은 뜻에 공감하게 된다.

나라를 어떻게 경영해야 하는가를 두고, 근검절약이 몸에 밴 안영은 빚을 줄이는 긴축재정이 중요하다는 입장이었고 공자는 긴축재정만이 답이라는 편견을 버려야 한다고 했다. 공자는 국민의 살림살이가 어렵다면 재정을 확대하는 것도 적극적으로 고려해야 한다는 입장이었다. 즉 국가의 재무상태표보다 중요한 것이 국민의 삶이라 여겼기에, 공자의 눈에는 안영이 튼튼한 곳간을 자랑하기 위해 국민의 삶을 도외시하는 것처럼 비쳤다.

이런 공자의 경영관은 제자와 나눈 대화에서 더 구체적으로 드러난다. 제자 자공이 국가 경영의 핵심이 무엇인지 묻자, 공자는 "식량을 풍족하게 하고(足食), 군대를 충분히 하고(足兵), 백성의 믿음을 얻는 일이다(民信)"라고 답했다.

전쟁이 일상인 현실에서 자공은 공자의 대답이 한가한 소리라고 생각됐는지 다시 질문했다.

"어쩔 수 없이 한 가지를 포기해야 한다면 무엇을 먼저 포기해야 합니까?"

그러자 공자는 군대를 포기해야 한다고 답했다. 자공이 나머지 둘 가운데 한 가지를 더 포기해야 한다면 무엇이냐고 재차 묻자, 공자는 식량이라고 답했다. 그리고 이렇게 덧붙였다.

"백성의 믿음이 없는 나라는 그 자체가 존재하지 못한다(民無信不立)."

국가의 주인인 국민이 자신의 삶에서 행복을 느끼지 못하는 나라는 오래갈 수 없다는 얘기다. 외적인 경제지표가 제아무리 화려하다 해도 결국 문제는 국민 개개인의 삶인 것이다.

협동조합도 이와 마찬가지다. 조합원들의 삶을 바라보지 않는 협동조합은 조합원들에게 외면당할 수밖에 없다. 그런데 영리기업들과 경쟁하면서 협동조합도 재무제표의 수익성만이 최고라는 생각에 빠져들기 시작했다. 특히 IMF 금융 위기를 겪는 과정에서 수익이 경영의 최고 가치가 됐고 조합원들의 삶은 서서히 외면당했다. 외형은 크게 성장했지만, 협동조합의 목적인 조합원들의 경제 · 사회 · 문화적 지위는 향상되지 못했다. 목표에만 매몰돼 목적을 잃어버린 것이다. 모두가 수익 추구라는 방향으로 향하면서 사람들의 생각도 그대로 굳어지고 말았다. 조직의 목적과 목표를 다시 조합원들로 향하게 하기 위해서는 엄청난 시간과 노력이 필요한데, 그 이유가 바로 이것이다.

일본의 국적항공사 JAL이 파산한 것은 2010년의 일이다. 부채총액만 한화로 약 20조 원에 달했다. 누가 봐도 회생불능이었다. 이때 JAL을 살리라는 일본 정부의 특명을 받고 교세라 창립자인 이나모리 가즈오가 회장으로 취임했다. 그는 13개월 만에 기적을 만들어냈다. 이미 죽은 것이나 다름없던 회사를 흑자로 돌려놓은 것이다. 나아가 2012년 3월에는 역대 최고 흑자를 기록하며 2년 8개월 만에 주식시장에 재상장하는 기적도 이뤄냈다.

많은 이들이 그를 '경영의 신'이라 부르는 까닭이 여기에 있다. 알리바바의 마윈, 소프트뱅크의 손정의 회장 등이 가즈오 회장의 경영철학을 연구하고 배우려는 데에는 그럴 만한 이유가 있었던 것이다. 그가 성공한 것은 정부의 지원이 있어서도 아니고 운이 좋아서도 아니었다. 직원들에게 '일하는 이유'를 스스로 찾고 받아들이게 한 것이 비결이라면 비결이었다.

"JAL 직원들은 아이들에게나 가르쳐야 할 이야기를 왜 우리에게 하느냐고 생각했을 것이다. 대부분 직원의 얼굴에 그렇게 쓰여 있었기에 나는 이야기를 하면서도 그들이 듣고 있지 않다는 걸 알아차렸다. 하지만 이 내용을 머릿속에 심어 넣지 못하면 회사는 바뀌지 않는다. 그래서 설령 듣지 않더라도 그들을 설득하는 작업을 끈질기게 계속했다."

가즈오 회장의 회고담처럼 아무리 혁신적인 경영 기법을 도

입한다고 해도 왜 이것을 해야 하는지 이해하지 못하면 무용지물이 되고 만다. 목적이 없으면 목표는 허울에 불과하다.

목표와 목적은 분명히 다르다. 이 둘을 혼동하면 가고자 하는 방향이 달라진다. 목적은 우리가 얻고 싶은 것의 본질이고, 목표는 목적을 달성하기 위한 구체적인 계획이다. 목표만 있는 사람들은 그 목표를 이루는 데 급급하지만, 목적이 있는 사람은 그 목적을 이루기 위해 어떤 목표를 세워야 할지 제대로 안다. 어떤 상황에서도 협동조합의 목적을 빛나게 하는 일은 설령 길을 잃더라도 쉽게 돌아올 수 있는 길을 만드는 일이기도 하다.

혁신의 출발은
언제나 고객이다

기업들은 출시한 제품의 시장이 커지고 성숙해질수록 또 다른 고민에 직면하게 된다. 그래서 기업들은 주로 제품의 기능을 개선하거나 더는 개선할 여지가 없는 제품이라면 다른 제품으로 대체하곤 한다. 이때 필요한 것이 소비자들의 마음과 트렌드를 읽어내는 능력이다. 변해가는 세상의 코드를 읽고 조직이 가야 할 방향을 명확히 해야 살아남을 수 있기 때문이다.

과거에는 옷을 디자이너가 만든다고 생각했다. 디자이너는 옷의 스타일을 만들고 적합한 색과 소재를 선택한 뒤 구체적인 형태를 그리는 일까지 전담하는, 그야말로 화려한 멀티 플레이어였다. 그러나 최근에는 디자이너의 세계도 점점 세분화·전 문화되고 있다. 특히 옷의 컬러를 결정하는 데에는 소비자들의 심리까지 읽어내는 고도의 전문성이 필요하다는 인식하에 컬러 리스트라는 직업이 스카우트 1순위로 급부상하고 있다고 한다. 이들은 색의 미묘한 차이까지 고려해 브랜드 이미지에 맞게 색 상을 고를 뿐 아니라 사회 전반적인 분위기와 사람들의 심리를 읽고 판단해서 유행할 색을 만들어내는 등 패션 업계에서 매우 중요한 역할을 담당하고 있다.

　최근 소비자들 사이에서는 제품을 선택할 때 디자인이나 브 랜드, 심지어 기업이 추구하는 가치까지 살펴보는 감성 트렌드 가 형성되고 있다. 예전처럼 가격과 성능만 고려하지는 않는다 는 얘기다. 감성은 소비자 스스로도 인식할 수 없는 무의식의 세계에 속한다. 따라서 기업들은 이제 제품을 잘 만들어야 할 뿐 아니라 그 제품을 판매하기 위해 소비자의 무의식 깊은 곳까 지 파고드는 노력도 해야 한다. 디자인 업계에서 컬러리스트가 주목받는 것과 마찬가지 현상이다. 그래서 많은 기업이 내부가 아닌 외부, 특히 고객의 관점에서 조직을 바라볼 수 있도록 다 양한 혁신 활동을 전개하고 있다.
　제품뿐만 아니라 조직의 혁신 활동도 유행처럼 뜨고 지기를 반복하며 진화 과정을 거쳐왔다. 그런데 대부분은 조직이 보유한 기능을 합리화하는 데 초점이 맞춰져 있다. 그러다 보니 단지 원가 경쟁력에서 우위를 확보하기 위해 비효율적이고 낭비가 되는 요인을 제거하는 것을 혁신으로 여겨온 경향이 있다. 그 때문에 오랫동안 혁신해왔음에도 제자리걸음을 하는 기업이 많은 것이다. 더 큰 문제는 혁신에 대한 직원들의 인식이다. 대다수 직원이 혁신을 단순한 변화 정도로 인식한다. 이렇듯 구성원들의 일에서는 아무런 변화가 없고 조직의 모양만을 바꾸는 수준이다 보니 많은 사람이 '혁신' 하면 조직 개편부터 떠올리는 것이다.

혁신에 대한 인식을 바꾸는 일은 매우 중요하다. 그리고 그 출발점은 고객과 시대의 트렌드가 되어야 한다. 최근 공공기관의 변화가 유독 눈에 띄는 이유가 여기에 있다. '이곳이 정말 공공기관 민원실인가?' 하는 생각이 들 정도로 민원실 풍경이 확 달라졌다. 과거 민원실이 공무원들의 업무 공간 중심이었다면, 이제는 여러 편의시설을 갖춘 민원인들의 공간으로 바뀌었다. 또 민원인들이 업무를 쉽게 처리하도록 환경을 비롯한 모든 시스템이 보완됐다. 철저히 고객중심으로 변화하겠다는 의지가 곳곳에서 보인다. 가장 변화가 느리다는 공공기관조차 이렇게 고객중심으로 변화하고 있는 것이다.

고객중심 경영이란 고객의 마음으로 생각하고 돌아보는 것이지만, 자신들만의 착각에 빠져 있는 기업도 많다. 이전과 큰 변화가 없는 상품이나 서비스를 내놓고 고객의 요구를 충분히 받아들였다고 떠벌리는 아전인수식 해석을 경계해야 한다. 또 지금껏 시간과 노력을 투자했던 혁신 활동이 제대로 성과를 발휘하지 못했다면 그 원인이 어디에 있는지도 돌아볼 필요가 있다.

실력과 서비스 중 어느 것을 더 중시할까를 고민하던 과거와 달리, 이제는 실력과 서비스 둘 다 충족되지 않으면 소비자들이 외면하는 시대다. 제아무리 장사가 잘되던 곳도 서서히 고객이 줄어드는 때가 오게 마련이다. 그런데 대부분은 고객이 줄어드는 것을 체감하고 나서야 무엇이 문제인지 고민을 시작한다. 고객의 마음을 읽는다는 건 어려운 일이지만, 특정한 시기에만 고민할 문제가 아니라 항시 고민해야 하는 문제다. '고객이 우리에게 바라는 것이 무엇일까'로 질문을 바꾸지 않는다면 어떤 혁신도 기대할 수 없다.

땀 흘린 만큼의 정당한 보상

일본 후쿠오카의 어느 허름한 목조 건물 앞, 스물네 살의 청년이 사과 궤짝을 연단 삼아 직원들 앞에 섰다. 직원이라고 해봐야 아르바이트생을 포함해서 고작 셋뿐이었지만 청년의 연설은 제법 진지했다.

"앞으로 5년 뒤에 우리 회사는 매출 100억 엔, 10년 뒤에는 500억 엔을 돌파하게 될 것이다. 그리고 우리의 최종 목표는 1조에서 2조 엔이다."

젊은 사장의 이 황당한 연설이 어찌나 기가 막혔던지 직원들은 헛웃음을 지으며 회사를 떠나버렸다. 그런데 그로부터 30

년 뒤 그 청년의 회사는 117개의 자회사를 거느린 순매출 2조 7,000억 엔의 거대한 기업이 됐다. 헛웃음만 나오는 황당무계한 허풍을 현실로 만든 청년의 이름은 손정의, 바로 소프트뱅크 회장이다.

허무맹랑한 상황을 대했을 때 사람들의 반응은 각기 다양하다. 터무니없는 말을 허풍이라며 손가락질하는 사람이 있는가 하면, 그 속에서 가능성을 보는 사람도 있다. 대부분 사람은 무언가 실행으로 옮겨지고, 손에 잡힐 만한 가능성이 있어야 믿음을 보인다.

농가소득 5,000만 원이라는 목표를 처음 공언했을 때 많은 이들이 황당하다는 표정을 지었다. 심지어 어떤 이는 개인적인 야망으로 치부하기까지 했다. 무엇보다 5,000만 원이라는 목표액을 명시하는 것이 왜 중요한지를 모르는 눈치였다. 사실 그럴 만도 했다. 그때까지 우리나라 농가소득은 2005년 처음으로 3,000만 원을 넘은 뒤 매년 1퍼센트 남짓 오를까 말까 했으니 말이다. 게다가 정부에서도 할 수 없었던 일을 어떻게 해낼 수 있겠느냐 하는 의구심도 있었다.

도시소득의 60퍼센트대에 머물고 있는 우리 농촌은 살기 어렵고 낙후된 곳이라는 딱지가 붙어버린 지 이미 오래다. 하지만

이 암울한 현실에만 시선을 고정한다면 아무것도 달라지지 않을 것이다. 고령화로 자생력을 잃고 갈수록 팍팍해지는 농업인의 삶을 계속 외면할 수는 없지 않은가. 기댈 곳이 어디에도 없는 농업인들의 절박한 삶에 누군가는 힘이 돼주어야 한다는 생각이 차오르고 차올라 마침내 농가소득 5,000만 원이라는 목표가 생겨난 것이다.

농가소득 5,000만 원 달성을 향한 대장정의 첫 단계는 꿈을 공유하는 것이다. 서로 다른 꿈을 지닌 채 한곳을 향해 나아갈 수는 없기 때문이다. 그리고 농업인들이 바라는 것이 무엇인지를 정확히 알아야 한다. 농업인들의 소망은 '농사를 잘 지어 땀과 노력에 대한 정당한 보상을 받는 것'이다. 그 소망이 제대로 길을 갈 수 있도록 길잡이가 되어줄 구체적인 목표가 바로 '농가소득 5,000만 원'이다.

우리는 콘퍼런스를 통해 함께 나아갈 방향을 설득하고자 했다. 농업생산성 향상, 농가 수취 가격 제고, 농업 경영비 절감, 농식품 부가가치 제고, 농외소득원 발굴 등 수많은 과제가 도출됐다. 농업인들과 최접점에 있는 조합장들이 농가소득 증대를 위해 더 열심히 뛰어달라는 뜻으로 전국의 농·축협에도 농가소득 전산 현황판을 설치하기도 했다. 우리 조직의 최대 장점인 중앙회와 지역농·축협의 네트워크도 더욱더 유기적으로 활용

되어야 하기 때문이다.

직원들에게도 변화가 하나둘씩 찾아오고 있다. 단순히 목표를 이해하고 공유하는 차원을 넘어 농업인들의 애환을 몸과 마음으로 공감하기 시작한 것이다.

2018년 3월에는 경북 영천에 폭설이 내려 10년 넘게 기른 포도나무가 모두 쓰러진 일이 있었다. 그 현장을 찾아가 농업인들을 부둥켜안고 함께 아파하는 재해보험 담당 직원들의 표정에서 깊은 진정성이 느껴졌다. 농업인들이 힘들어하는 시기에 우리가 무엇을 해야 하는지를 이해하고 스스로 움직이는 그들의 살아 있는 눈빛을 보면서 벅차오르는 감격을 느꼈다. 구제역 살처분 현장에 투입됐던 직원들 역시 농업인들의 비통함과 간절함을 함께 나눴다. 이런 미세한 변화는 농업인들을 이해하고, 그들을 위해 일해야 한다는 협동조합의 사명을 직원들이 충분히 이해하고 있다는 방증일 것이다.

한 사람, 한 사람의 땀과 눈물이 모여 변화의 강줄기가 형성되고 있다. 그와 함께 농가소득 5,000만 원을 향한 가시적인 성과들이 나타나고 있다. 통계청 자료에 따르면 2017년 말 3,823만 원이었던 농가소득은 2018년 말 기준 4,000만 원을 넘어설 것으로 예상되고, 전국 최초로 제주 지역의 농가소득이 5,000만을 넘어

섰다. 수년간 별다른 움직임이 없던 그래프가 이제 상승 흐름을 보이기 시작한 것이다.

설령 이 목표를 단기간에 이루지 못한다 하더라도 300만 농업인과 10만 임직원이 함께 온 힘을 다해 몸부림쳤던 귀중한 시간은 분명 역사에 뚜렷한 발자취를 남길 것이다. 그 발자국들을 따라 농가소득 5,000만 원의 꿈이 완성되는 그날까지 앞으로도 수없이 많은 노력이 이어지리라 확신한다.

'날씨가 좋아도 20마일, 날씨가 험해도 20마일.'

노르웨이 탐험가 아문센(Roald Amundsen)은 그렇게 걸어서 인류 최초로 남극점을 밟았다. 큰 걸음으로 성큼성큼 걷는 것보다 잔걸음으로라도 매일매일 꾸준히 걷는 것이 중요하다. 담쟁이덩굴이 높은 벽을 타고 넘는 이치도 바로 그것이다. 아무리 높은 벽이라도 담쟁이덩굴은 무심하게, 소리 없이 뻗어 올라 기어코 담을 훌쩍 타고 넘는다. 어떤 요령이나 기술도 없다. 그저 여러 갈래의 가지들이 하나가 되어 쉬지 않고 한 방향으로 기어오를 뿐이다. 그 우직한 전진 앞에 불가능은 없어 보인다. 우리에게도 마찬가지다.

2장

미래로 한 걸음
내딛는 용기

인간은 늘 안정을 추구한다.

하지만 안정이란 '머물러 있고자 하는 관성'이기도 하다.

이런 관성은 변화에 둔감하거나

애써 변화를 외면하고자 하는 심리로 이어져

눈앞에서 요구되는 변화마저 먼 미래의 일로 착각하게 한다.

그래서 변화를 말하지만 실제 변화하고자 나서는 사람은 많지 않다.

이제부터라도 변화의 흐름을 좇아

무엇을 해야 하는가에 대한 성찰이 필요하다.

성찰은 행동을 전제로 한다.

단순히 미래를 예측하는 것뿐만 아니라

미래에 대한 대비까지 마쳤을 때

비로소 성찰이라고 할 수 있다.

늑대는 겨울잠을
자지 않는다

'양치기 소년과 늑대 이야기'라고 하면 다들 이솝 우화를
떠올리겠지만, 여기 조금 다른 버전이 있다.

몽골의 넓은 초원지대에서 양을 치는 목동이 있었다. 비록 북
방이지만 여름에는 날씨가 제법 따뜻해서 양들은 편안하게 풀
을 뜯을 수 있었다. 생활이 편해지자 양들은 차츰 게을러졌고
여간해선 움직이지 않으려는 습관이 몸에 배게 됐다. 그러다 겨
울이 닥쳐 기온이 급격하게 떨어지자 적응에 실패한 양들이 하
나둘 얼어 죽기 시작했다. 양 떼가 전부였던 목동은 궁리 끝에
양들이 환경에 적응하게 하는 아주 효과적인 방법을 생각해냈

다. 우리 주위에 늑대 몇 마리를 풀어놓은 것이다. 양들은 늑대의 먹이가 되지 않으려면 쉴 새 없이 뛰어다녀야 했다. 그렇게 부지런히 움직이다 보니 자연스럽게 추위를 견딜 수 있게 돼 얼어 죽는 양이 더는 없었다고 한다.

이 우화에서 늑대가 상징하는 것은 바로 위기가 아닐까. 늑대라는 위기 앞에서 양들은 위기의식을 느낌과 동시에 생존 방법을 모색하게 된다. 두려움을 느낀 양들은 도망치려 할 것이고, 어떻게든 살아남기 위해 극복할 방법을 찾을 것이다.

세상은 언제 늑대가 나타날지 모르는 끊임없는 긴장 속에서 변화하고 있다. 예전엔 당연시되던 것들이 어느 순간 사라지고, 상상조차 하지 못했던 일들이 현실로 다가와 있다. 공중전화 부스는 어느새 거리에서 사라졌고, 전철에서 신문 읽는 모습을 더는 볼 수 없으며, 집밥과 보리차 대신 편의점에서 즉석밥과 생수를 사 먹는 시대다. 이 풍경 또한 몇 년, 아니 몇 개월 만에 또 바뀔 것이다.

많은 언론 매체와 전문가들이 앞으로의 변화상을 예측하곤 하지만 그들의 말이 피부에 와닿지 않는 경우도 많다. 마치 지구가 매일 같은 속도로 움직이는데도 그것을 느끼지 못하는 것과 같다. 하지만 우리는 언제 어디서든 늑대가 다가올 수 있다는 사실을 알고 있다. 게다가 늑대는 겨울잠을 자지 않는다. 사

슴이나 토끼 같은 먹잇감들이 겨울잠을 자지 않기 때문이다.

농업 환경에도 어김없이 늑대는 다가오고 있다. 기계가 스스로 알아서 농사를 짓고 농부는 논밭이 아닌 다른 곳에서 스마트폰이나 노트북으로 관리만 하는 모습이 이제 더는 영화 속 장면만이 아니다. 정보통신기술(ICT)과 결합함으로써 농업 분야에도 변화가 시작된 것이다. 사물인터넷(IoT), 인공지능, 로봇, 드론 등의 신기술과 결합한 디지털 농업이 발전하면서 토지, 노동력, 경험, 날씨 등에 의존하던 재래식 농사는 한계에 직면하고 있다. 농업 생산과 가공·유통·소비자 취향 등 모든 정보가 한곳에 수집되어 빅데이터로 농사를 짓게 되고, 이런 농업 정보를 확보하고 전달하는 분야도 새로운 부가가치 산업으로 부상하고 있다. 이제 농업 분야에서도 '업(業)'으로서의 개념이 새롭게 자리 잡고, 농업인들 또한 단순히 농사를 짓는 사람이 아니라 데이터 수집 분석가로 변모할 가능성조차 예견되고 있다.

비록 인간이 통제할 수 없는 영역이긴 하지만, 농업에서는 기후 역시 가늠할 수 없는 큰 변화 중 하나다. 지구 온난화로 기온이 상승하면서 전국의 과일 생산 지도가 계속 바뀐다면, 예컨대 사과로 유명한 대구 지역에서 더는 사과가 생산되지 않는 상황이 닥칠 수 있다. 실제로 우리나라가 점차 아열대 기후로 변하면서 사과, 복숭아, 포도 등 국내 대표적인 과일 재배지가 점차 북쪽으로 올라가고 있다. 제주도에서 생산되던 감귤, 한라봉은 이제 중부 지역에서도 재배된다. 수입에 의존하던 바나나, 망고, 파파야 등 아열대 과일도 현재 남부 지역을 중심으로 생산되고 있다. 이런 변화에 어떻게 대응할지 지금부터 고민하지 않는다면, 언젠가는 사과나 포도를 수입해서만 먹게 될 날이 올 수도 있다는 뜻이다.

인간은 늘 안정을 추구한다. 하지만 안정이란 '머물러 있고자 하는 관성'이기도 하다. 이런 관성은 변화에 둔감하거나 애써 변화를 외면하고자 하는 심리로 이어져 눈앞에서 요구되는 변화마저 먼 미래의 일로 착각하게 한다. 그래서 변화를 말하지만 실제 변화하고자 나서는 사람은 많지 않다. 이제부터라도 변화의 흐름을 좇아 무엇을 해야 하는가에 대한 성찰이 필요하다. 성찰은 행동을 전제로 한다. 단순히 미래를 예측하는 것뿐만 아니라 미래에 대한 대비까지 마쳤을 때 비로소 성찰이라고 할 수 있다.

변화에 앞서 생겨나는 불안과 두려움에 더욱 지혜롭게 대처할 방법들을 찾아 나서자. 늑대가 깨어 있는 한 우리도 겨울잠을 자선 안 되기 때문이다.

cheer 리더가 되라

"그 친구, 사람은 좋아."

"카메라가 좋아서 그런가? 사진 정말 멋지네요!"

"헤어스타일 바꾸니까 훨씬 낫네!"

칭찬인지 아닌지 모를 말들이다. 이왕에 듣기 좋은 말을 해주려면 조건 없이 듬뿍 해주면 안 될까?

"그 친구, 사람 참 좋아."

"사진 참 잘 찍으셨네요!"

"헤어스타일 정말 잘 어울려요!"

이렇게 단서를 빼거나 조사 하나만 바꿔도 기분 좋은 칭찬이 될 수 있다. 칭찬에도 결이 있기에 어감에 따라 듣는 사람의 기분도 얼마든지 달라질 수 있다.

칭찬에는 나름의 의미가 담겨야 한다. 칭찬을 들었는데 무안할 때도 있고, 때론 영혼 없는 칭찬이라 가슴에 와닿지 않기도 한다.

"수고했네. 역시 자넨 똑똑한 사람이야."

이런 칭찬은 얼핏 듣기에는 좋지만 왠지 부담스럽다. 한 번이라도 실수하면 똑똑한 사람이라는 믿음에 금이 갈 것만 같다. 그래서 전문가들은 성과나 능력보다는 수행 과정 또는 노력하는 자세를 칭찬해주는 것이 좋다고 말한다.

"이번 프로젝트를 수행해줘서 고맙네. 덕분에 일이 한결 수월해졌어."

막연한 칭찬보다는 이처럼 구체적이고 눈에 보이는, 그래서 좀더 신이 나는 칭찬이 필요하다.

칭찬은 고래도 춤추게 한다지만 모든 칭찬이 좋은 것은 아니다. 《마인드셋》의 저자 캐럴 드웩(Carol Dweck) 교수는 학생들에게 세 차례의 시험을 치르게 함으로써 이 사실을 밝혀냈다.

먼저 학생들에게 비교적 쉬운 문제를 풀게 하고, 두 그룹으로 나누어 시험 점수에 대해 칭찬을 해줬다. 한 그룹에는 "정말 머리가 좋구나!"라며 재능을 칭찬해줬고, 다른 그룹에는 "정말 열심히 노력했구나!"라고 노력을 칭찬해줬다. 그런 다음 첫 번째 시험보다 난도가 높은 두 번째 시험을 치르게 했다. 그 결과 재능을 칭찬받은 아이들은 시험이 너무 어려웠다며 결과에 좌절하는 모습을 보인 반면, 노력을 칭찬받은 아이들은 어렵긴 했지만 다음 단계의 시험에도 도전하겠다는 의지를 나타냈다. 마지막 세 번째 시험은 첫 번째 시험과 비슷한 난도로 실시됐다. 그런데 그 결과는 첫 번째 시험 때와 사뭇 달랐다. 재능을 칭찬받은 아이들은 첫 시험에 비해 점수가 20퍼센트 정도 낮아졌고, 노력을 칭찬받은 그룹은 30퍼센트 이상 높아진 것이다.

이 실험은 재능에 대한 칭찬과 노력에 대한 칭찬의 차이를 여실히 보여준다. 대부분 사람은 노력에 대한 칭찬을 받았을 때 앞으로도 계속 나아질 수 있다는 긍정 에너지를 얻는다. 하지만 재능에 대한 칭찬은 그만큼의 효과를 가져오지 못한다. 재능은 타고나는 것이어서 노력만으로는 개선하기 어렵다고 믿기 때문에 힘든 일이 닥쳤을 때 쉽게 포기할 가능성이 크다.

어떤 현상이나 사건을 대하는 인간의 마음가짐은 크게 고정적 성향과 성장적 성향으로 분류할 수 있다고 한다. 고정적 성향을 가진 사람들은 새로운 도전을 꺼리는 경향이 강하다. 실패하면 자신의 무능함이 고스란히 드러난다고 생각하기 때문이다. 그래서 그들은 실패할 가능성이 없는 일들을 선호한다. 반면 성장적 성향을 가진 사람들은 새로운 도전을 찾고, 실패하더라도 이를 성장의 발판으로 삼는다. 고정적 성향을 가진 사람보다 성장적 성향을 가진 사람이 성공할 가능성이 크다는 건 두말할 필요가 없다.

시카고의 한 고등학교는 과목 미이수자들의 성적표에 '낙제(fail)' 대신 '아직(not yet)'이라고 표시한다고 한다. 뜻하는 바는 같지만 둘 사이에는 엄청난 차이가 있다. '낙제'라고 하면 이 과목을 통과할 자격이 없다는 의미로 여겨지지만, '아직'은 조금 더 노력하라는 격려로 받아들일 수 있다. 앞날이 창창한 학생들을 '낙제'라는 고정적 성향으로 묶어둘 것인가, '아직'이라는 성장적 성향으로 키울 것인가. 모든 부모가 고민해야 할 문제다.

사람은 누구나 인정을 받으면 기운이 나고 힘이 솟기 마련이다. 직원들의 자신감을 북돋고 동기를 불러일으키는 데에는 물론 연봉과 상여금이라는 장치가 필요하겠지만, 스스로 느끼는 보람과 주변의 인정이나 격려 또한 결코 무시할 수 없는 요소다.

2018년 말 '우리나라 직장인들이 가장 듣고 싶어 하는 말' 중에서 '당신 최고'가 1위로 선정됐다. 아침마다 서로에게 어떤 칭찬을 해줄까에 대해 잠시 생각해보는 시간을 가져보면 어떨까. 소중한 사람들을 깊은 관심으로 살펴봐주고 함께 성장할 수 있게 해줄 한마디를 떠올려보자.

문득 드라마 〈미생〉에서 상사가 부하직원에게 해준 칭찬이 생각난다.

"더할 나위 없다."

이처럼 순수한 격려가 담긴 칭찬은 듣는 사람의 마음속에 큰 감동과 오랜 울림으로 남을 것이다.

익숙함과 관행을
버려야 한다

'무주의 맹시(inattentional blindness)'라는 말을 들어본 적이 있을 것이다. '시각적 맹목성'이라고도 하는 이 현상은 주의력이 작은 부분에만 제한되는 것을 뜻한다. 냉장고를 열었을 때 우유가 있는데도 보지 못한다거나 공을 주고받는 학생들 사이에 고릴라가 한참 동안 머물다 지나갔는데도 알아차리지 못했다는 실험 결과가 대표적인 예로 이야기된다.

2001년 2월 9일에 있었던 미국의 핵잠수함 그린빌호 사고는 무주의 맹시가 얼마나 위험한지를 보여준다. 당시 그린빌호에는 함장과 승무원을 비롯하여 국회의원, 대기업 임원들, 유명 방

송인들이 타고 있었다. 사회 지도층 인사들에게 그린빌호의 우수성을 알리기 위해 마련한 자리였다. 함장이 함정에 상승 명령을 내리자 그린빌호는 부력 탱크에 들어 있던 물을 고압으로 쏟아내며 수면으로 급부상했다. 그 순간 엄청난 굉음이 울리며 잠수함이 크게 흔들렸다. 급속도로 떠오르던 잠수함 바로 위에 있던 일본 어선과 충돌한 것이다. 최첨단 음파탐지기를 갖춘 잠수함이 어떻게 길이 60미터에 달하는 큰 배를 발견하지 못했을까? 잠수함의 성능을 보여주는 데에만 급급한 나머지 바로 위에 떠 있는 배를 보지 못한 것이다.

사람들이 무주의 맹시에 빠지는 이유는 보고 싶은 것만 보기 때문이다. 스마트폰을 보며 길을 걷다가 행인과 부딪히는 것, 기상 캐스터를 쳐다보느라 정작 일기예보 내용은 전혀 듣지 못하는 것 등을 예로 들 수 있다.

사람들은 저마다 자신이 처한 조건·배경·환경에 익숙해지면, 그것이 습관으로 굳어져 자신만의 색안경을 끼고 세상을 바라보고 이해하게 된다. 이런 습관은 주위의 충고에도 쉽게 버리지 못하는 무의식의 고정관념이 된다. 그래서 기원전 5세기경에 등장한 고대 그리스 연극공연에서는 아테네인들에게 세상을 자신의 눈, 즉 1인칭의 눈으로 보지 말고 옆에 앉아 있는 남편의 눈 또는 아내의 눈, 자식의 눈으로 보라고 했다. 그뿐 아니라 가장 비극적인 인간, 원수 또는 적군과 같은 제3자적 관점에서 세상을 보라고 촉구했다. 내가 가진 색안경을 벗지 못하면 세상을 제대로 볼 수 없다는 사실을 그들은 일찍이 알고 있었던 것이다.

보고 싶은 것만 보려 할 때, 눈앞의 대상은 실제 객관적인 대상과는 별 상관이 없다. 그 대상을 오래전부터 보고 관찰해왔다면 이미 그 대상에 관한 이미지가 구축돼 있고, 그 이미지에 대상을 끼워 넣을 뿐이다. 즉 눈앞의 대상을 보는 것이 아니라 내 머릿속에 저장된 이미지를 통해 보는 것이다. 만일 이전에 본적이 없거나 경험을 통해 만들어진 이미지를 갖고 있지 않다면, 사람들은 그것을 이상한 것으로 치부하며 이해하려는 노력을 쉽게 포기해버릴 수도 있다.

1917년, 프랑스의 화가 마르셀 뒤샹(Marcel Duchamp)이 〈샘〉을 공개했을 때 예술계가 발칵 뒤집혔다. 'R.MUTT.1917'이라

는 사인만 표시해놓은 남성용 변기를 작품이라고 버젓이 발표했기 때문이다. 일반적인 시각으로 보면 말도 안 되는 것이 어째서 20세기 위대한 예술품의 반열에 올랐을까?

마르셀 뒤샹은 다다이즘(dadaism)의 선구자로 꼽힌다. 다다이즘이란 '무의미의 암시'라는 뜻으로, 풀어서 말하면 '어떤 선택에 따른 새로운 가치 부여'라고 할 수 있다. 다다이즘에 따르면 특정 영역에서 의미가 없던 것도 어떤 선택에 따라 의미가 부여되고 가치가 창출되는 셈이다. 그의 작품 〈샘〉은 이미 만들어진 현실의 평범한 아이템을 기반으로 하지만, 새로운 선택에 따라 불멸의 예술품이 됐다. "예술품이란 색을 칠하거나 구성할 수도 있지만, 단지 선택만으로도 가능하다"라는 그의 말은 주변에서 늘 마주치는 일상적인 것들도 달리 보고 새롭게 의미를 부여함으로써 재창조할 수 있음을 뜻한다.

조선 시대 최고의 화가로 많은 사람이 단원 김홍도를 꼽는다. 김홍도는 겸재 정선을 뛰어넘겠다는 야심 찬 도전정신을 창조적 에너지로 삼은 인물이다. 그를 조선 최고의 화가로 인정하는 이유는 기존 중국의 화풍이나 겸재를 비롯한 대가들과 다른 화풍을 창조해냈기 때문이다. 천재적인 재능을 기본으로 하되 과거의 패턴에서 벗어나려는, 그리고 달리 보려는 시도가 있었기에 창조적인 작품들을 그려낼 수 있었던 것이다.

인간이 가진 능력 중 하나는 상징성을 이해한다는 점이다. 원숭이는 손가락으로 달을 가리킬 때 손끝만 보지만, 인간은 어린아이라 할지라도 손가락이 가리키는 달을 볼 수 있다. 이 선천적 능력의 차이로 인간은 창의적이고 혁신적이며 통찰력 있는 존재가 될 수 있었다. 예컨대 누군가는 힘들게 걸레질하는 어머니의 모습을 보며 고마움과 안타까움을 느끼지만, 누군가는 힘들게 허리를 숙이지 않고 서서 청소할 수 있는 청소기를 고안해낸다. 대부분 사람은 창조와 통찰이 천재들의 전유물이라 여기지만, 그들의 발명품은 천재적인 영감에서만 비롯된 것이 아니다. 애초에 사물을 보는 방법이나 생각하는 방법이 보통 사람들과 다르다. 달리 보고 달리 생각하는 것, 이것이 곧 통찰력의 출발점이다.

익숙함에서 비롯되는 무주의 맹시를 주의해야 한다. 특히 주변 상황이 이전과 다른 방향으로 급격히 바뀌고 있음에도 이를 알아차리지 못하는 변화 맹시를 더욱 주의해야 한다. 농업 환경, 금융 환경은 끊임없이 변화하고 있는데 우리는 보고 싶은 것만 보는 것은 아닌지 돌아볼 필요가 있다. 반복되는 관행과 집착을 버리고 모든 일을 새로운 시각에서 다시 살펴봐야 한다. 보고 싶은 것만 보면 눈뜬장님이 된다. 때로는 거인의 어깨, 하다못해 그저 타인의 어깨에라도 올라서서 세상을 새롭게 봐야 한다.

진심에는
미사여구가 필요 없다

—
—
—

한 남자가 애플과 삼성의 최신 스마트폰을 믹서에 넣는다. 그리고 버튼을 눌러 갈아버린다. 잠시 후 두 스마트폰은 고운 가루가 됐고, 남자는 믹서를 털어 곱게 갈린 가루를 보여준다. 믹서 제조사인 블렌드텍(Blendtec)의 광고다.

　이 광고의 주연은 믹서지만 그 안에 담겨 가루가 된 아이폰과 갤럭시폰은 단연 최고의 조연이었다. 광고를 잘 안 보는 세태의 특성을 이해하고, 아이폰을 갈아버렸다는 카피로 수많은 아이폰 이용자의 관심을 끄는 데 성공한 것이다. 더 단단해지고 내구성이 좋아졌다고 홍보하는 스마트폰이 출시될 때마다 믹서에 넣어 갈아줌으로써 믹서의 성능을 동시에 홍보할 수 있다. 그런데 많은 전문가는 이 제품이 소비자들의 마음을 움직인 근본적인 이유를 과장 광고가 넘쳐나는 광고 시장에서 성능을 있는 그대로 보여준 것에서 찾는다. 진짜이기 때문이라는 것이다.

마크 트웨인(Mark Twain)은 "진실을 말한다면 어떤 것도 기억할 필요가 없다"라고 말했다. 요즘 유행하는 '팩트 폭격'이란 말은 사실을 있는 그대로 말해서 상대방이 꼼짝 못 하게 한다는 뜻으로 쓰인다. '있는 그대로 말하기'는 어떤 공격에도 일관된 논리를 펼 수 있기에 허구에 대응하는 가장 강력한 무기다.

최근 차량 화재 사건으로 한 외제차 업체가 도마에 올랐다. 한마디로, '있는 그대로 말하기'를 회피함으로써 발생한 문제였다. 이 사건에 많은 국민이 분노했던 이유는 차량에 결함이 있다는 사실보다 그것을 고의로 숨겼다는 점에 있다. 민관합동 수사단의 조사 결과에 따르면, 회사 측에서는 이미 2015년부터 엔진 결함으로 인한 차량 화재 위험을 인지했고 독일 본사에서 TF팀을 구성하여 설계 변경에 착수한 정황까지 있다고 한다. 그러나 회사는 이 문제를 줄곧 은폐, 축소, 늑장 리콜로 대응해왔다. 많은 운전자가 차량에 화재가 발생할 수 있다는 사실을 모른 채 도로를 달렸다는 얘기다. 폭탄이 거리를 돌아다닌 셈이다. 물건을 판매하면서 하자가 있다는 사실을 알고 파는 것과 모르고 파는 것은 전혀 다른 문제다. 이 경우는 속여서 팔았기 때문에 소비자들이 수용할 수 없었던 것이다.

레몬이라는 과일은 겉보기와 달리 신맛이 강해서 결함 있는 상품을 가리키는 용어로 쓰인다. 레몬법이 만들어진 것도 이런 이유에서다. 겉과 속이 다른 상품은 신뢰를 무너뜨리는 폭탄과도 같다.

수많은 고객이 농협에서 팔고 있는 농산물을 깊이 신뢰한다. 그런데 농산물 상자를 열었을 때, 위쪽은 아주 만족스러운데 바닥에 깔린 상품은 기대에 어긋난다면 어떻게 될까? 겉은 멀쩡한데 속은 부실하기 짝이 없는 이른바 '속박이'에 대해 소비자들은 엄청난 분노를 느낄 것이다. 더구나 기대가 컸기에 실망감 또한 더 클 것이다. 이 속박이는 알면서도 속여 팔았다는 점에서 외제차 업체의 경우와 크게 다르지 않다. 자동차와 농산물 모두가 생명과 직결되어 있기에 더욱 그렇다.

반면 있는 그대로를 인정함으로써 신뢰를 지켜낸 사례도 있다. 세계적으로 웰빙 바람이 불면서 정크푸드의 유해성이 언론에 오르내렸다. 그 영향으로 패스트푸드의 대명사인 맥도날드의 매출이 추락하기 시작했고, 세계 각국의 맥도날드 역시 고전을 면치 못했다. 그런데 이때 프랑스 맥도날드에서 다음과 같은 광고를 냈다.

"어린이는 일주일에 한 번만 맥도날드에 오세요."

정크푸드로서의 유해성을 솔직하게 인정한 것이다. 그 광고가 나간 이후 소비자들에게서 변화가 나타났다. 유해성을 스스로 인정한 만큼 맥도날드를 무조건 배척하지 않고, 이용은 하되 스스로 조절하겠다는 의지를 보인 것이다. 이 광고로 오히려 맥도날드는 다른 패스트푸드 회사와 달리 고객의 건강을 생각한다는 이미지까지 얻게 됐다. 고객의 마음을 얻는 방법은 오로지 진실과 진심뿐이라는 사실을 입증해준 셈이다.

진실과 진심을 외면한 속박이는 회사뿐만 아니라 한 개인에게도 치명타가 될 수 있다. 모 기업 창립기념일에 사장이 기념사를 낭독했다. 기념사에는 '수평적 조직문화와 상생을 위하여 직장 내 갑질 문화를 없애자'라는 메시지가 담겨 있었다. 그런데 다음 날 사장을 조롱하는 언론 기사들이 쏟아졌다. 과거 직원에 대한 폭행 사건으로 수차례 문제가 있었고, 평소에도 직원들에게 군림하는 존재로 알려져 있었기 때문이다. 차라리 과거 자신의 경솔했던 행동을 솔직하게 인정하고 사과했더라면 직원들의 마음을 조금이나마 움직일 수 있지 않았을까?

"농업인을 위하여"라는 건배사는 들을 때마다 가슴이 뛴다. 그 속에 진정한 소망이 담겨 있기 때문이다. 진심에는 미사여구가 필요치 않다. 가장 힘든 순간을 넘어서고자 할 때 진실은 큰 힘이 된다. 마크 트웨인은 무슨 말을 해야 할지 고민될수록 진실을 말하라고 했다. 어떻게 하면 농업인들에게 조금의 꾸밈도 없이 마음속 진실을 전할 수 있을까. 농업인들에게 협동조합의 진심이 전해졌으면 한다.

기본에서 다시
퀀텀 리프를 추구하자

"새는 알을 깨고 나온다."

누구나 성장을 이야기할 때면 《데미안》의 이 문구를 떠올린다. 껍질을 깨고 나오는 순간 새는 이전과는 전혀 다른 존재가 된다. 알에 머물 때는 중력의 지배를 받아야 했지만 알을 깨는 순간 자신의 두 날개로 자유롭게 하늘을 날 수 있게 된다.

성장이란 이런 것이다. 단순히 키가 자라는 수준이 아니라 존재의 차원이 달라진다. 이것을 '퀀텀 리프(Quantum Leap)'라고 한다.

물리학자 막스 플랑크(Max Planck)가 주창한 퀀텀 리프는 '비약적인 발전'을 뜻하는 개념이다. 단계적으로 천천히 바뀌는 게 아니라 어느 지점에서 폭발하듯이 바뀌는 것을 말한다. 대나무를 보면 알 수 있다. 대나무 죽순은 씨를 뿌리고 3년째 됐을 때 간신히 땅을 뚫고 나온다. 그리고 4년째가 되어도 겨우 30센티미터밖에 자라지 않는다. 그러다 5년째가 될 때부터 하루에 1미터씩 폭발적으로 성장한다. 이 폭풍 성장의 비밀은 뿌리에 있다. 4~5년 동안 땅속에서 지반을 움켜쥐듯 깊이깊이 뿌리를 내리면서 비약적인 성장을 위한 에너지를 끌어모으는 것이다.

폭풍 성장은 비행기가 이륙하는 과정과도 매우 흡사하다. 일단 움직이기 시작하면 속도가 붙고, 점점 빨라지다가 마침내 에너지가 충분히 쌓였을 때 땅을 떠나 하늘로 날아오른다. 지면의 존재가 하늘의 존재로 바뀌는 순간 비행기는 중력의 지배에서 벗어나게 된다.

인류의 발달사도 퀀텀 리프로 설명할 수 있다. 오랜 시간 수렵과 채취로 연명해오던 인류는 곡물을 재배하면서 1만 년의 농업 시대를 거쳤고, 산업혁명을 통해 200년 동안 산업의 시대를 밟아왔다. 그리고 현대에 가까이 올수록 비례적인 성장이 아니라 급속히 성장하는 제곱의 법칙이 작용했다. 지금은 초연결·초지능·융복합이라는 말이 유행하고, ICT·IOT·인공지능 기반을 통해 막대한 양의 데이터가 생성되고 있다. 또 이것이 빅데이터로 진화하고 있다. 이제 기술은 산술급수적인 발전이 아니라 기하급수적인 발전을 거듭하고 있다. 한마디로, 기술과 문명의 폭풍 성장이 이뤄지고 있다.

대한민국을 대표하는 스트라이커 손흥민은 폭풍 성장의 아이콘으로서 모자람이 없다. 그는 제도권의 훈련을 통해 탄생한 선수가 아니며 여덟 살 때부터 하루에 6시간씩 '공 다루는 법'만 익혔다. 멋지게 슈팅도 해보고 싶었겠지만 축구선수였던 아버지는 철저하게 기본기만을 강조했다. 손흥민은 6년이 넘도록 지루하리만치 리프팅 기술만 익혔다. 시합에도 나가지 않았다. 그러다 5학년이 됐을 때부터 비로소 슈팅 연습을 시작했고 하루에 1,000번이 넘는 슈팅을 해야 했다. 그리고 마침내 열여섯 살이 됐을 때 그는 보란 듯이 독일 함부르크팀에 스카우트되어 축구 유학의 길에 올랐고, 전설 '차붐(독일에서 부르던 차범근의 별명)'의 명성을 잇는 최고의 스트라이커가 됐다.

"지겹도록 반복했던 기본기 훈련이 오늘의 저를 만들었습니다. 여덟 살 때 축구를 시작해 첫 시합을 뛰기까지 8년이 걸렸습니다. 매일 몇 시간씩 볼을 몸에서 떨어뜨리지 않는 훈련을 거듭해오던 어느 날, 날아드는 공에 무의식적으로 반응하는 저를 봤습니다."

혜성처럼 나타난 신인들을 볼 때마다 사람들은 '대체 어디서 나타난 거야?' 하며 의아해한다. 하지만 그들은 어느 날 갑자기 하늘에서 뚝 떨어진 존재가 아니다. 지금 우리 주변에도 대나무가 뿌리를 내리듯 훗날의 폭풍 성장을 준비하며 묵묵히 기본기를 다지는 사람들이 있을 것이다. 가시적이고 단기적인 성과만을 추구하는 이들에게는 참을 수 없을 만큼 초조하고 지루한 시간이겠지만, 사실은 하늘로 날아오르기 위해 끊임없이 에너지를 쌓아가는 과정이다.

철저하고 충분한 기본이야말로 도약의 비밀이라는 사실은 기업에서도 찾아볼 수 있다. 미국의 벨연구소는 조직 전반에 '기본으로 돌아가자'라는 정신이 넘쳐흐르는 곳이다. 이들이 말하는 기본이란 소리를 '멀리, 정확하게' 전달하는 것이다. 잡음 없는 신호를 잡기 위해 무섭도록 노력한 결과 이들은 급기야 우주가 팽창한다는 과학적 사실까지 알아냈다. '소리' 하나만을 쫓다가 어마어마한 천문학적 발견을 해낸 것이다.

벨연구소의 성취는 자신에게 주어진 기본 임무를 충실히 수행하는 동시에 극단까지 치닫는 추진력과 전에 없던 것을 만들어내려는 창조력이 합쳐진 결과였다. 벨연구소에 연구원으로 임용되면 아무리 박사라 하더라도 전신주에 올라 전화선을 연결하는 일부터 시작해야 한다. 세상에 없던 것을 만들어내기 위해서는 기본에서부터 시작해야 한다고 믿기 때문이다. 그렇게 기본에 집중한 결과 무선통신 시대를 열었고, 반도체 다이오드를 만들어냈으며, 실리콘밸리의 신화가 됐다.

구글, 아마존, 애플, 삼성 등의 초일류 기업은 경쟁자가 쫓아올 수 없는 초격차 전략을 구사한다. 초격차란 단순히 기술이나 성과의 차이 또는 시장에서의 파워나 상대적 순위만을 의미하는 게 아니다. 끊임없이 경쟁력을 확보하고 서비스를 개선하며 부단한 혁신을 이루고, 그에 걸맞은 조직원 개인의 역량을 갖추는 것까지 모두 초격차 전략의 범위 안에 있다.

초격차 전략의 핵심은 경쟁사들과의 비교가 아니라 시스템, 인재관리, 조직문화 등에서 차원이 다른 격을 추구하는 것이다. 스스로 수준을 높임으로써 누구도 도전할 수 없도록 격차를 만들어내기 위해서는 폭풍 성장이 필수다. 빛의 속도만큼 빠르게 변하는 이 시대에는 불연속적이고 비약적인, 퀀텀 리프를 통한 성장을 이뤄야 한다. 바로 그 때문에 기본이라는 토양이 무엇보다 중요한 것이다.

오늘날의 손흥민을 탄생시킨 지도자이자 아버지인 손정웅 씨는 이렇게 말했다.

"축구는 공이 전부입니다. 공에 모든 비밀이 담겨 있는데 이 공을 못 다루고 어떻게 축구를 하겠어요? 공의 비밀을 아는 데는 기본기 연습밖에 없습니다."

이제 우리의 퀀텀 리프를 생각해야 할 때다. 격이 다르고 차원이 다른 폭풍 성장을 위해서는 그 시작점부터 제대로 정해야 한다. 공이 축구의 전부이듯이 농협에는 농업, 농촌, 농업인이 전부다. 농협이 초일류 협동조합이 되고 그것을 유지하기 위해서는 농업, 농촌, 농업인이라는 기본 가치에 충실해야 한다. 우리의 퀀텀 리프는 거기서부터 시작된다.

위기는 매 순간
다른 모습으로 찾아온다

바다가 잔잔할 때는 선장의 능력을 가늠하기 어렵다. 폭풍이 몰아치고 파도가 밀려올 때 비로소 선장의 진짜 능력을 확인할 수 있다. 흔들리지 않는 눈빛과 차분한 목소리로 선원들이 해야 할 일들을 하나하나 지시할 수 있는 선장이라면 일단 믿어도 좋다. 위기의 상황에도 침착함을 유지하는 능력은 고요한 나날에도 늘 폭풍을 대비해온 이미지 트레이닝에서 비롯되었을지 모른다.

인생에서도 중요한 결정의 순간들은 대부분 안정적일 때보다 위기에 처했을 때 찾아온다. 준비가 부족한 상태에서 무언가를 선택해야 한다면 칼날 위에 서 있는 것처럼 불안하고 위태로울 수밖에 없다. 한사코 피하고 싶겠지만, 알랭 드 보통(Alain de Botton)이《불안》에서 말했듯이 "우리의 삶은 하나의 불안을 떨쳐내고 새로운 불안을 받아들이는 과정의 연속"이다. 삶의 여정에는 늘 위기가 도사리고 있고, 살아 있는 한 누구도 불안에서 벗어날 수 없다.

위기는 바람처럼 매 순간 다른 모습으로 찾아온다. 개인이든 조직이든, 위기 앞에서 안전지대란 존재하지 않는다. 특히 요즘의 기업 환경은 크고 작은 악재가 다양하게 혼재하는 '퍼펙트 스톰(perfect storm)'에 처해 있다. 아무리 뛰어난 기업도 미래를 장담할 수 없는 환경이다. 실제로 위기에 처한 일등 기업들의 사례는 지금도 쉽게 목격할 수 있다.

대한항공 오너 일가의 갑질 파문은 사회적 분노와 함께 '나쁜 오너 = 나쁜 기업'이라는 등식까지 만들어냈고, SNS 최강자인 페이스북도 개인정보 유출 사태로 젊은 사용자들이 대거 이탈하는 등 악재에 시달렸다. 126년 역사를 자랑하던 GE도 2018년 다우존스에서 퇴출당했는가 하면 세계적인 자동차 제조사인 BMW는 차량 화재 사태로 신뢰와 명예가 크게 흔들렸다. 오랫동안 업계 1위 자리를 지켜온 기업들에도 위기는 예외 없이 찾아온다.

그렇다면 위기에 대처하는 우리의 자세는 어떠해야 할까.

권근의 〈주옹설〉에는 365일 배 위에서 살아가는 노인이 등장한다. 고기를 잡는 것도, 장사를 하는 것도 아닌데 왜 위험하게 배 위에서 생활하는지 묻자 노인은 이렇게 대답한다.

"육지에서 산다 한들 위험이 없겠는가. 인간의 마음이 간사해서 위험한 것을 알면 더 조심하게 되지만, 편안한 생활 속에서는 위험을 깨닫지 못해 자신의 삶을 망치게 되는 법이다."

자칫 배가 한쪽으로 치우치기만 해도 물에 빠진다는 사실을 알기에 노인은 늘 균형을 유지해가며 조심스럽게 살아가는 것이다.

세상은 무서운 속도로 변하고 있는데 여전히 과거의 관행과 상식을 답습한다면 결국 커다란 위기를 만나게 되며 작은 위기에도 흔들리게 된다. 오늘날 CEO에게는 무엇보다 세상이 들려주는 은유를 해석할 수 있는 능력, 즉 직관력이 요구된다. 배가 항구를 떠나 신세계에 도달할 때까지 험한 파도와 폭풍우를 뚫고 가야 하듯이 조직 역시 기존의 상식과 고정관념이라는 암초들을 지혜롭게 헤쳐나가야 한다.

미국의 심리학자 에이브러햄 매슬로(Abraham H. Mslow)는 "망치만 사용하는 사람은 모든 문제를 못으로 바라본다"라고 했다. 어떤 문제나 낯선 환경에 처했을 때 자기 방식만을 고집하며 늘

해오던 방법으로 해결하려 든다면 위기를 맞이할 가능성이 클 수밖에 없다. 뜻밖의 난관일수록 이전과는 다른 시선으로 바라볼 수 있는 유연한 자세가 필요하다.

롤러코스터처럼 어지럽고 예측 불가능한 오늘날, 대한민국의 위기를 우려하는 목소리가 어느 때보다 높다. 그러나 한편으로는 다들 뭍에 안주한 채 몰려올 파도를 걱정하는 것만 같아 안타깝기도 하다. 막연히 불안해하고 걱정하기보다는 배를 타고 바다로 나가 파도에 맞서면서 위기를 이겨낼 방법을 모색해야 하지 않을까. 만일 잘나가고 있다면, 그럴 때일수록 자신을 돌아봐야 한다. 지금 잘나가는 이유가 무엇인지, 나의 실력 덕인지 아니면 외부적 요인 덕인지를 잘 구분해야 한다.

몽골 초원에 사는 쇠재두루미는 겨울에 1만 킬로미터를 날아 따뜻한 남쪽 나라 인도로 이동한다. 이때 바람밖에 못 넘는다는 해발 8,000미터의 히말라야산맥을 넘어야 하는데, 정상에 이를수록 기온이 상상을 초월하는 수준으로 떨어진다. 더욱이 기압도 급격히 낮아져 사람도 손가락이 뒤틀리고 눈알이 돌아가는 고통을 겪게 된다. 그런데 쇠재두루미들은 어떻게 그 험준한 히말라야를 넘을까?

그들은 과감한 선택을 했다. 먼저 더 높이, 더 멀리 날기 위해 과일과 곤충으로 단백질을 충분히 섭취해가며 초식 습성을 잡식으로 바꾼다. 그다음 공기주머니를 둘로 나누어 숨을 가늘고 길게 내쉬도록 호흡을 혁신한다. 그리고 동료들과 운동을 하면서 영양분을 비축하는 훈련을 하고, 반드시 목적지까지 가고자 하는 의지를 드높인다. 마지막으로 최대한 체력을 덜 소모하기 위해 V자 비행을 유지하며 고비 때마다 서로의 울음소리로 격려한다.

이처럼 쇠재두루미는 히말라야를 넘어야 할 시기에 맞춰 자신과 자신의 무리를 개선이 아니라 혁신하고, 만반의 준비를 한다. 한낱 동물의 습성으로 치부하기엔 너무도 지혜롭지 않은가.

고난의 시기를 이겨내는 지혜는 나무에서도 배울 수 있다. 나무를 잘라보면 여름에 만들어진 나이테와 겨울에 만들어진 나이테가 색깔부터 확연히 다르다. 여름에는 부드럽고 연한 색이지만 겨울엔 세포벽도 단단하고 색깔도 진하다. 나무가 쑥쑥 자라는 여름철에는 잎사귀도 풍성해지고 둘레도 굵어지는 반면, 추운 겨울에는 몸체를 보호하기 위해 불필요한 잎을 모두 떨어뜨린 채 더디 성장하기 때문이다.

기업도 잘나갈 때와 어려울 때의 생존 방법이 같을 수 없다. 까마귀는 바람 부는 날 집을 짓는다. 바람이 잔잔한 날에 집을 지으면 무너질 수 있지만, 오히려 바람이 거센

날 집을 지으면 무너질 일이 없기 때문이다. 발생 가능성이 단 1퍼센트라 할지라도, 충분히 대비하지 않는다면 극복할 수 있는 위기는 없다는 각오부터 필요하다.

시련을 이겨낸 만큼
성장한다

봄에 비가 자주 내리면 농업인들은 그해 흉년이 들 것을 걱정한다. 잦은 비 탓에 곡식이 뿌리를 깊이 내리지 못하고 잎만 무성해지기 때문이다. 때로는 가뭄도 필요한 법이다. 뿌리가 물을 찾아 땅속 깊이 파고들어야 태풍을 이겨낼 힘이 길러진다. 그 단단한 뿌리 덕에 곡식이 무럭무럭 자라 가을의 풍성한 수확으로 이어진다. 뜨거운 불과 차가운 물을 번갈아 이겨내야 쇠로 거듭나는 담금질의 이치와도 같다.

"선수 생활을 하며 9,000개 이상의 슛을 실패했고 약 300경기에서 패배했다. 승패를 가르는 결정적인 슛은 26차례나 실패했다. 난 늘 실패하고 실패했다. 이것이 내가 성장하고 성공한 이유다."

농구 스타 마이클 조던의 고백이다. 그의 등번호는 23번이다. 23이라는 숫자에는 조던만의 특별한 의미가 들어 있다. 어린 시절 조던은 등번호 45번을 달고 뛴 형 래리 조던에 비해 농구 실력이 턱없이 부족했다고 한다. 그러나 그는 엄청난 노력 끝에 고교 최고의 선수로 NBA에 입단했고, 이때 등번호로 23번을 선택했다. 23에 어떤 의미가 있는 걸까? 형 래리 조던의 등번호 45번의 절반을 의미한다. 최고의 실력임을 인정받았음에도 자만하지 않고 절반의 위치에서 늘 자신을 채찍질하겠다는 다짐을 등번호로 새긴 것이다. 그는 실패와 시련을 참아내는 노하우를 알고 있는 지혜로운 선수였기에 현역 시절에도, 은퇴 이후에도 많은 농구팬으로부터 존경과 사랑을 받고 있다.

많은 사람이 실패를 겪지 않고 성공하기를 바란다. 그러나 현실은 그렇게 녹록지 않다. 나무가 뿌리를 깊이 내리려면 가뭄의 시기가 필요하듯 성공하기 위해서는 반드시 실패를 거쳐야 한다. 물론 실패를 겪지 않는 방법도 있다. 아무것도 하지 않으면 된다. 하지만 아무것도 하지 않으면 실패를 하지 않을 뿐 아니라 성공도 할 수 없다. 성공을 꿈꾼다면 실패는 필수이며, 실패할 때마다 어떤 마음가짐을 갖는지가 중요하다.

성장은 고통이 임계점에 달했을 때 시동을 건다. 무거운 역기를 스무 번 들어 올린 뒤 더는 들 수 없을 때가 임계점이라면, 마지막 힘을 쥐어짜며 들어 올린 스물한 번째의 고통이 비로소 탄탄한 근육을 만들어낸다. 그 순간 몸은 원상태로 돌아가려는 고집을 꺾고 새 근육을 만들어내는 쪽으로 패턴을 바꾼다. 충분히 감당해낼 수 있는 수준이 아니라 한계라고 여겼던 임계점을 극복해내야만 성장할 수 있는 것이다. 이런 원리를 깨달은 사람들은 고통 후에 필연적으로 따라오는 성장을 기대하며 더 참고 인내한다.

고통이 성장의 조건이자 동력이라는 증거는 자연계에서도 찾아볼 수 있다. 새우나 게, 조개와 같은 갑각류들은 하나같이 두꺼운 껍질을 지니고 있다. 그 껍질을 벗으면 맨살이 고스란히 노출되고, 작은 돌에 스치기만 해도 연약한 살에 상처가 생겨 생명까지도 위태로울 수 있다. 하지만 껍질을 벗고 고통의 순간을 거듭 경험해야만 몸에 딱 맞는 아름답고 단단한 껍질을 얻을 수 있다.

임상심리학자 대니얼 고틀립(Daniel Gottlieb)은《샘에게 보내는 편지》에서 "잃어버린 것을 놓고 마음이 슬퍼할 때, 영혼은 새로 얻을 것을 놓고 기뻐한다"라고 말했다. 고난 탓에 뭔가를 잃어버린 것 같은 상실감도 사실은 내가 성장하고 있다는 신호이니 기쁘게 맞이하라는 얘기다.

고틀립은 고교 시절 학습장애로 낙제를 거듭했고, 대학도 두 번이나 옮긴 끝에 힘겹게 심리학 박사학위를 받았다. 그러나 그의 삶은 고통의 연속이었다. 서른세 살에 교통사고를 당해 사지가 마비됐고, 이후 다시 희망을 찾기 시작한 그에게 아내로부터 이별 통보가 날아왔다. 그 뒤로도 시련은 그치지 않았다. 심각한 우울증, 자녀의 방황, 아내와 누나 그리고 부모님의 죽음이 이어졌다.

이 혹독한 시련 끝에 그는 '인간은 <u>스스로 감당한 고통만큼</u> 성장한다'라는 깨달음을 얻었다. 그는 고통을 감수해내는 능력이야말로 한 인간이 얼마나 위대한지를 가늠하는 척도라며 이렇게 말했다.

"위대한 사람은 고통을 기쁘게 생각한다. 그래서 고통은 곧 기쁨이라는 역설이 성립하는 것이다."

무엇인가를 시도하는 사람에게는 실패의 고통이 따르게 마련이다. 그러나 그 고통은 아무것도 시도하지 않은 사람이 결코 경험할 수 없는 성장의 기회이며, 새로운 세계로 나가는 관문이 될 수 있다. 그러니 지금 힘겨운 시련기를 보내고 있다면 기대해도 좋을 것이다. 이전과는 전혀 다른 존재로 거듭나는 중이기 때문이다.

> "제가 설국열차에서 가장 좋아하는 대사가 있습니다. 설국열차의 다음 칸을 넘어본 적도 없고, 넘어보려고 시도조차 하지 않았던 사람들에게 주인공은 이렇게 말합니다. '아주 오래되어서 아무도 모르지만 이 벽은 사실 문이다'라고요. 내년에는 여러분 안에 사실은 벽이 아닌 문이었던 부분을 각자 찾을 수 있길 바랍니다."
>
> – 박찬욱 감독의 청룡영화제 수상 소감 중에서

변화를 향해
한 걸음 내딛는 용기

1927년 〈타임〉에 미국인의 소비 성향을 분석한 기사가 실렸다. 부모들이 일반적으로 아들에게는 분홍색, 딸에게는 파란색 옷을 입힌다는 내용이었다. 당시만 해도 분홍색은 강인함을, 파란색은 부드러움을 상징하는 색상이었다고 한다. 그런데 요즘은 반대로 남자아이에게 파란색 옷을 입히고, 여자아이에겐 분홍색 옷을 입힌다. 성별에 따라 선호하거나 어울리는 색이 따로 있다는 생각은 편견에 불과하다는 얘기다. 남자아이가 태어나면서부터 파란색을 좋아하거나 여자아이가 본능적으로 분홍색에 끌리는 것이 아니라 어릴 때부터 그렇게 입혔기 때문에 고정관념이 돼버린 것이다.

사실 어느 시대, 어느 사회에서나 고정화된 편견들이 있게 마련이다. 문제는 그 편견들 탓에 다양성과 창의성이 제한된다는 것이다.

한 지상파 여성 앵커가 갑자기 화제의 인물로 떠오른 적이 있다. 이유는 단지 그녀가 안경을 쓰고 뉴스를 진행했기 때문이었다. 장안의 화제가 되자 여성 앵커가 해명을 했다. 평소 시력이 좋지 않아 렌즈를 착용하는데 그날은 눈이 불편해서 부득이 안경을 썼다는 것이다. 그런데 그녀가 왜 해명까지 할까 여길 정도로 시청자들은 안경 쓴 모습이 오히려 신선했다는 반응이 많았다.

사실 뉴스를 전달하는 것과 안경을 쓰는 것은 아무런 상관이 없다. 그런데도 여성 앵커의 헤어스타일, 외모, 복장 등에 대한 세간의 고정관념과 방송계의 관습은 꽤 오랫동안 유지되어왔다. 특히 뉴스에서 '앵커는 곧 신뢰'라는 생각에 한층 더 엄격한 잣대를 적용받는다. 개인의 개성을 마음껏 살릴 수 있는 시대라고는 하지만 아직도 우리는 오랜 편견에 둘러싸여 있다. 그 편견의 틀에 계속 갇혀 있는 한 아무것도 변하지 않으며, 틀을 깨고 나와야 비로소 이전과는 전혀 다른 새로운 세상을 만날 수 있다.

주변을 둘러보면 "나는 원래 이런 사람이야"라면서 정해진 틀에 마냥 갇혀 있는 사람들이 의외로 많다. 심지어는 매일 다니던 길로만 다니려는 사람도 있다. 습관의 노예가 된 사람들이다. 이런 사람들은 모든 의사결정에서 어떤 식으로든 이미 자신만의 답을 정해두고 있으며, 새로운 시도에 대해서는 거부반응부터 보인다. 자신만의 확고한 방식을 고수하는 것이라고 말할 수도 있겠지만, 다양한 시도와 경험을 통해서 얻은 결론이 아니기에 반드시 정답이라고 할 순 없다.

이런 집착, 고집이 생겨나는 이유는 딱 한 가지다. 변화하려 하지 않기 때문이다. 온종일 소파에 누워 TV 리모컨을 만지작거리는 사람을 가리켜 '소파 위의 감자(couch potato)'라고 한다. 우리 뇌에도 소파 위의 감자와 같은 세포가 있는데, 뇌를 통해 낯선 자극이 들어오면 이 세포가 그 자극을 없애버린다. 그 결과 자극이 차단되면서 변화하지 않으려는 성향을 보이게 되며, 마침내는 관성의 지배를 받게 된다.

문제는 변화라는 것이 선택의 대상이 아니라는 데 있다. 요즘 세상에선 더더욱 받아들일 수밖에 없는 필연이다. 매일 다니는 길에서 벗어나 새로운 길을 향해 발을 내딛는 용기가 필요하다.

"different"

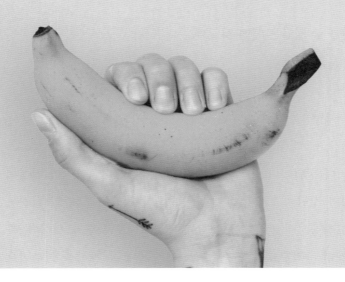

늘 다녀서 익숙해졌다 할지라도 다른 길은 없는지 찾아보고 바꿔보려는 의지가 있어야 한다. 지금껏 알고 있던 지식이나 습관을 과감히 벗어던질 수 있어야 한다. 그러면 전과 다른 신선함을 느끼고, 또 다른 변화를 능동적으로 수용하는 자세가 생겨난다.

우리가 하는 일 하나하나가 모여 우리 자신을 만들어간다고 할 때, 새로운 시도는 자신을 균형 있게 만들어주는 아주 중요한 요소다. 편견을 깨고 새로운 시도를 해본 사람일수록 상대방의 시도와 의견을 존중하게 된다.

다음 중 정답은 어떤 것일까?

$$1 + 1 = 2$$
$$1 + 1 = 10$$

둘 다 정답이다. 우리에게 익숙한 수학, 그러니까 십진법에서는 2가 정답이지만 이진법에서는 10이 정답이다. 만일 십진법만 고집했다면 컴퓨터는 세상에 등장하지도 못했을 것이다. 틀에 갇힌 생각으로 한쪽만 고집하는 사람들은 세상을 이분법으로 본다. 좋은 것과 나쁜 것, 옳은 것과 그른 것, 내 편과 네 편. 이렇게 굳어진 시선으로는 '다른 것'을 받아들이기 어렵다. 하지만 새로운 기회나 더 나은 방향, 뜻밖의 운명 등은 모두 '다른 것들과의 만남'에서 싹튼다. 매일 다니는 길로만 다니는 사람은 분명 서서히 죽어가는 사람이다. 이제 새로운 시각으로 새로운 방법들을 시도해보자.

리더의 사명감

2017년 5월, 강릉시 성산면과 삼척시 도계읍 일대에 큰 산불
이 발생했다. 5월 6일에 발화된 이 산불은 9일 오전이 되어서야
힘겹게 진화됐다. 산림 340헥타르와 주택 35채를 태웠고 78명
의 이재민을 낳은 큰 화재였다. 현장은 그야말로 참담하기 짝이
없었다. 여의도 면적의 1.5배에 달하는 태백의 아름다운 산림이
크게 훼손됐고, 소중히 키워온 농작물들도 흔적을 찾아볼 수 없
게 됐다.

특히 안타까운 것은 농업인들의 삶의 터전이 유실됐다는 것
이었다. 주민들은 마을회관과 인근 학교 등으로 대피했고, 일

부 주민은 살아남은 가축들을 돌보느라 초라한 텐트 안에서 생활하고 있었다. 계절은 봄을 향하고 있었지만 아직 남은 겨울의 찬바람이 주민들의 마음을 더욱 얼어붙게 했다. 하지만 성산면 위촌리의 여성 이장인 심선희 씨의 감동 어린 사연이 얼었던 마음을 녹여주는 듯했다.

산불이 삽시간에 마을로 번지고 있다는 소식을 들은 심선희 이장은 마을회관에서 긴급 대피방송을 내보냈다. 방송은 했지만 먼 곳에 살거나 귀가 어두운 어르신들이 알아들을 수 있을까 걱정스러웠다. 이장은 정신을 가다듬고 산불이 바로 들이닥칠 곳이 어딘지 떠올리며 산 쪽을 향해 서둘러 차를 몰았다. 산 아래에 사는 연세 많으신 어르신들부터 신속히 구출해야 했기 때문이다. 산간 지역은 집과 집 사이가 멀어 주민들을 대피시키는 데 어려움이 컸다. 거동이 불편하신 어르신들을 일일이 차에 태워 마을회관으로 모셔다 드리고, 다른 주민들을 찾아다니느라 동분서주했다.

그렇게 주민들을 모두 대피시키고 나서야 비로소 자신의 집에 생각이 미쳤다. 그런데 안타깝게도 이장의 집은 이미 다 타버린 뒤였다고 한다. 마을 주민들을 대피시키는 것 외에는 아무 생각도 할 수 없었다는 심선희 이장은 자신의 집이 모두 불타버

렸음을 알게 된 순간에도 마을회관에서 주민들의 끼니를 걱정하고 있었다.

세상이 갈수록 팍팍해진다고 하지만, 그래도 살 만하다는 희망을 느낄 수 있는 것은 심선희 이장처럼 자신을 희생해가면서 공동체의 고통을 치유하기 위해 노력하는 이웃이 있기 때문이다. 이따금 접하게 되는 이런 미담들은 공존보다 개인의 생존을 우선으로 여기며 살아가는 시대를 향한 질타처럼 느껴지기도 한다.

나아가 심 이장의 행동은 위기의 순간에 리더의 의사결정이 얼마나 중요한지를 새삼 깨닫게 한다. 상황과 환경이 다양하기 때문에 의사결정에 절대공식이라는 것이 존재하진 않지만, 그토록 긴박한 상황에서 심선희 이장에게 가장 앞선 우선순위는 마을 주민이었다. 자기를 내세우고 책임은 뒤로 감추는 이들이 적지 않은 이 시대에 그녀는 리더로서의 사명감이 무엇인지를 온몸으로 보여주었다.

무엇보다 박수를 보내고 싶은 것은 심 이장의 신속한 판단과 과감한 실행력이다. 거동이 불편한 어르신들을 구하기 위해 빠르게 번져 내려오는 불길 속으로 과감히 뛰어든 그녀의 신속한 판단과 거침없는 실행 덕분에 마을 어르신들은 커다란 불행을 면할 수 있었다. 누구나 그런 상황에 처하면 똑같이 행동할 것으로 생각하겠지만, 몸을 사리지 않는 희생정신이 뒷받침되지 않는다면 쉽게 할 수 없는 선택이다. 길거리에 쓰러져 있는 사람을 보고도 혹시나 자신에게 피해가 돌아올까 싶어 관심도 갖지 않는 세상 아닌가. 희생정신은 누구나 쉽게 발휘할 수 있는 평범한 능력이 아니다.

주민들을 대피시키는 동안 정작 자신의 집은 재로 변하고 말았지만, 심 이장은 자신의 선택에 대해 자책하거나 후회하는 모습을 보이지 않았다. 오히려 그녀는 집 잃은 마을 주민들을 걱정하며 어떻게 불편을 해소할까 고민했다. 그리고 피해를 본 마을을 돕기 위해 찾아온 사람들에게 의연하게 차를 내주며 미소까지 지어 보였다. 산불이 지나간 자리는 차갑고 황량했지만, 남다른 사명감과 용기를 보여준 여성 이장의 잔잔한 미소에서 뜨거운 감동을 느꼈다.

보통 회사는 이익을 추구하기에 이익 창출에 기여하는 것들을 가장 소중하다고 여긴다. 그런데 회사의 이익은 사람이 많다고 해서 창출되는 것이 아니다. 회사의 목표에 집중하고 사명을 갖는 직원이 얼마나 있느냐에 따라 결과가 달라지기 때문이다. 즉 사명감의 수준이 곧 회사의 경쟁력 수준인 것이다. 사명감이란 자신이 하는 일에 뚜렷한 목적을 갖는 것이며 왜 그 일을 해야 하는지, 무엇을 위해 해야 하는지 명확하게 아는 것이다. 사명감이 투철하면 시키지 않아도 스스로 일을 해내며, 그 과정에서 즐거움과 보람을 찾게 된다.

심선희 이장의 미소는 스스로 부여한 목적을 성취해낸 훈장과도 같은 것이었다. 사명감은 외부에서 주어지는 게 아니라 스스로 부여하는 것이다. 한 개인의 마음가짐이 사명감으로 거듭난다면 그 사람의 삶도, 그가 속한 조직의 미래도 달라질 것이다.

3장

진심으로

공감하다

공감은 구호나 말만으로는 이뤄지기 어렵다.

나그네의 외투를 벗길 수 있는 것은

세찬 바람이 아니라 따뜻한 햇살이듯,

공감을 위해서는 다정다감하고 자연스러운 소통이 필요하다.

소통을 하려면 우선 내 마음부터 활짝 열어

진실한 모습을 보여주어야 한다.

서로가 서로를 향해 마음을 여는 것,

그리고 '당신이 나를 믿듯이 나도 당신을 믿습니다'라는

신뢰를 함께 만들어가는 것이야말로 소통의 출발점이다.

과감히 버리는 것도
전략이다

연암 박지원은 《연암집》에서 '아부'를 상중하 세 가지로 구분했다. 최고의 아부는 명예나 이익에 연연하지 않고 초연하게 자신의 뜻을 얘기하는 것이고, 중급은 자신의 뜻을 이루기 위해 간곡하게 바른말을 해서 설득하는 것이며, 최하급의 아부는 상대방의 안색을 살펴가며 무조건 옳다고 하는 것이라 했다. 예나 지금이나 아부는 조직에서 대단히 중요한 요소다. 다만, 아부라는 말이 현재처럼 단순히 상사의 말이 무조건 옳다고 하는 의미가 아니었다는 사실을 알게 된다.

모든 리더에게는 공통점이 하나 있다. 기본적으로 불안해하고 의심하는 사람이라는 것이다. 리더도 인간이기 때문이다. 자신의 결정을 흔쾌히 따라줄 사람은 누구이고 부정적인 사람이 누구인지 고민하지 않을 수 없다. 아부와 진심을 구분하기도 쉽지 않을뿐더러 내 뜻에 동조하지 않는 사람에게 마음을 준다는 게 여간 어려운 일이 아니기 때문이다. 그런 리더에게 신뢰를 얻고자 한다면 최고의 아부를 해야 한다. 즉, 모든 사안에서 무조건 동조할 것이 아니라 그가 올바른 판단을 할 수 있도록 도움을 주어야 한다.

실제로 능력 위주의 평가와 공정한 인사를 구현하기는 매우 어렵다. 기계가 평가하는 것이 아니기 때문이다. 상사는 부하직원을 능력으로 평가해야 하고, 부하직원 역시 상사에게 능력으로 인정받아야 한다. 문제는 그 능력의 범주다. 옳고 그름과 상관없이 상사에게 무조건 복종하며, 비록 편법일지라도 어떻게든 결과를 만들어내는 사람도 있으니 말이다. 능력을 평가하는 잣대는 사람마다 다를 수밖에 없는데, 대부분 상사는 인정을 기반으로 복종과 능력을 동일시하여 평가한다. 하지만 무조건적인 '예스'는 조직의 발전에 도움이 되지 않으며, 자칫 치명적인 결과를 가져올 수 있다.

일본은 사무라이 시대부터 전해 내려온 상명하복의 조직문화를 변화시키고자 오래도록 애써왔다. 하지만 저변에 자리 잡은 문화를 바꾸기란 쉽지 않은 일이다. 일본 전자 기업의 상징인 도시바 역시 그랬다. 도시바는 일본 최초로 냉장고와 세탁기, 컬러 TV를 개발한 140년 전통의 기업으로 특유의 '예스 문화'를 자랑한다. 그런데 이 예스 문화가 결국엔 독이 됐다.

도시바는 과도한 목표를 설정하고 직원들에게 이를 달성할 것을 촉구했다. 직원들은 왜 해야 하는지 생각하지도 않은 채 예스 문화에 심취되어 있었다. 도시바는 2006년 세계 최대의 원자력 설비 업체 웨스팅하우스를 6조 6,000억 원에 인수하면서 원전 사업의 매출 비중을 크게 높였다. 하지만 2008년 서브프라임 모기지 사태로 미국발 경제 위기가 터지더니, 2011년에는 후쿠시마 원전 사고가 발생해 원전 사업이 심각한 부진의 늪에 빠지고 말았다. 그런데도 도시바 직원들은 눈앞에 주어진 목표를 맞춰내는 데에만 몰두했다. 그러다 결국 2015년, 7년 동안 무려 2조 2,000억 원에 달하는 분식회계를 저질러왔다는 사실이 밝혀지면서 일본 열도에 크나큰 충격을 안겼다.

도시바의 몰락을 지켜본 많은 전문가가 그들의 파벌주의와 관료주의 문화에 앞서 상명하복이라는 엄격한 군대 문화를 지적하기도 했다. 스스로 자랑스러워하던 예스 문화의 그늘에서 무조건적인 복종을 강요하고, 이것이 변화에 눈감게 해 몰락을 불렀다는 얘기다.

　외눈박이 조직에서 2개의 눈을 가진 사람은 돌연변이로 취급되기 십상이다. 상명하복 문화가 만연한 조직에서 과감히 '노'를 외치거나 생각을 달리하는 직원들은 버릇없는 사람 또는 회사가 하는 일에 늘 반기를 드는 사람으로 치부되기 쉽다. 그러면 어떻게 될까? 수평적 가치를 추구하는 직원은 모두 떠나고 수직적 문화에 맞는 예스맨만 남게 된다. 잘못된 계획을 세우고 실행하더라도 누구 하나 바로잡으려 하지 않을 것이며, 결국엔 양쪽 눈을 다 가진 사람조차 외눈박이처럼 행동하게 될 것이다.

　애플을 잠시 떠났다가 돌아온 스티브 잡스는 훌륭한 인적 자원을 보유하고도 엉망이 되어버린 애플의 현실을 보며 탄식했다. 회사 사업이 18개로 분산되어 있었기에 이를 다시 하나로 정렬하고 집중시키는 일이 급선무였다. 그래서 그는 조직을 향해 과감히 '노'를 외쳤다. 조직의 역량을 집중시키기 위해서는 현재의 안정을 뒤집어엎는 용기가 필요했던 것이다.

　훗날 스티브 잡스는 예스 문화를 거부하는 것이야말로 집중의 필요조건이라고 말했다. 그가 외친 '노'를 시작으로 혁신을 단행한 애플은 모두가 알다시피 전 세계인의 삶의 패턴을 극적으로 바꿔놓았다.

　달성해내기 어려운 과제들을 어떻게 처리할 것인가를 두고 직원들과 상의할 때면, 그들이 느낄 부담을 공감해보곤 한다. 그리고 그 공감 속에서 나름의 지혜를 얻기도 한다.

　말단 직원이 회장에게 안 된다고 말하기는 정말 어렵다. 그런데 한 직원이 도저히 할 수 없다고 보고했다. 그 결론을 가지고 들어온 직원이 며칠 밤을 고심했으리라는 점은 표정만 봐도 알 수 있었다. 그는 회장의 지시를 누구보다 고민했을 것이다. 어쩌면 반드시 해내야 한다는 부담 속에서 안 된다는 결론을 가져온 자신의 무능을 탓했을 수도 있다. 하지만 감사한 마음으로 그 고심에 격려를 보냈다.

　"여보게, 안 된다고 해줘서 정말 고맙네."

　며칠 후 그가 다시 찾아와 같은 효과를 낼 수 있는 다른 방법이 있는데 이런 방법은 어떻겠냐고 물었다. 두말할 것도 없이, 계속 고민해준 직원의 손을 꼭 잡고 말했다.

　"된다고 해줘서 더 고맙네."

　조직 내에서 상하 간의 소통은 우리 몸의 혈액순환과도 같다. 혈액순환이 멈추면 죽음에 이르듯이 자유로운 소통이 없다면 기업은 죽은 것이나 마찬가지다. 윗사람은 감정을 배제한 채 아랫사람의 말에 귀 기울여야 한다. 부하직원의 입에서 나온 '노'는 윗사람을 살리고 조직을 살리는 최고의 아부일 수 있기 때문이다.

취하는 것만이 능사는 아니다. 과감히 버리는 것도 전략이다. 버려야 할 때는 아무리 아쉬워도 과감히 '노'라고 말하고, 취해야 할 때는 아무리 힘들어도 '예스'라고 외쳐야 한다.

질문하고
경청하라

2010년 〈뉴욕타임스〉는 '올해의 단어'로 맨스플레인(mansplain)을 선정했다. '남자(man)'와 '설명하다(explain)'의 합성어로 남성이 여성에 비해 우월하다고 여기며 무턱대고 아는 척 설명하려 드는 행동을 가리킨다. 미국의 작가이자 여성운동가인 리베카 솔닛(Rebecca Solnit)이 만든 단어인데, 그녀의 말에 따르면 여자들이 자신을 믿지 못하고 적극적으로 나서기를 주저하는 반면 남자들은 지나치게 자신을 확신하는 경향이 있다고 한다.

솔닛은 말할 권리와 귀 기울여 들을 권리를 존중해주는 사회에 희망이 있다고 역설했다. 맨스플레인이 만연한 사회는 여성이 억압당할 가능성이 클 뿐만 아니라 여성이 가진 지혜와 재능 또한 제대로 발휘되기 어렵기 때문이다.

사회에 맨스플레인이 존재하듯이 회사에는 보스플레인(boss-plain)이 존재한다. '상사(boss)'와 '설명하다(explain)'의 합성어로 작동 원리도 맨스플레인과 비슷하다. 보스플레인이 지배하는 조직은 상사가 지위를 이용해 부하직원들의 질문을 봉쇄함으로써 건전한 토론과 창의적 사고를 가로막을 가능성이 크다. 상사들로서는 권위가 선다는 느낌을 받을지 모르겠지만, 매번 무시당하는 직원들은 그들을 '꼰대'로 취급할 뿐이다.

산업혁명 시기마다 그 시대에 맞는 핵심 역량이 따로 존재했다. 1차 산업혁명 이전에는 강한 근육에서 나오는 힘이 핵심 역량이었지만 4차 산업혁명을 말하고 있는 지금 시대에는 지적 능력, 비판적·창의적 사고, 협동과 소통, 그리고 설득과 타협 등 다양한 방법을 활용해 업무를 수행하는 이른바 '문제해결 능력'이 핵심 역량이다. 산업구조가 이런 능력을 요구하는 형태로 바뀌고 있기 때문이다.

몇 년 전 한국개발연구원(KDI)은 '한국 성인 역량의 현황과 개선 방향: 문제해결 스킬을 중심으로'라는 보고서를 통해 한국의 기업들이 새로운 시대의 대열에서 낙오할지도 모른다는 조사 결과를 발표했다. 자료에 따르면 대한민국 성인들의 역량은 읽기(16위), 쓰기(14위), 수리(11위), ICT 스킬 활용도(17위) 면에서는 조사 대상 33개국 중 그래도 중간은 갔다. 하지만 유독 '미래 경쟁력'이라는 문제해결 스킬의 활용도만큼은 29위로 최하위권이었다. 문제해결 능력이란 해답이 분명하지 않은 상황에서 문제를 파악하고 해결할 수 있는 개인의 역량인 동시에 문제를 던지는 능력, 즉 질문하는 능력까지를 포함한다. 바로 이 능력이 대한민국 성인들에게 너무도 부족하다는 것이다.

보고서에서는 이런 결과가 나온 원인 중 하나를 수직적 기업문화와 일하는 방식에서 찾았다. 연구에 따르면 직장 내 소통이 활발하고 업무상 협력이 원활할수록 직원들 스스로 문제해결 스킬을 적극적으로 활용한다고 한다. 반면 상명하복과 위계·서열이 중시되는 직장문화에서는 개인의 자유로운 의견과 창의적 발상이 무시되기 일쑤라고 한다.

철학자 최진석은 대답에만 빠져 있고 질문하지 않는 나라는 후진국이거나 기껏해야 중진국을 벗어나지 못할 것이라고 했다. 조직도 마찬가지다. 단지 시키는 일만 하고 누구도 질문하지 않는 조직문화라면 그 조직의 미래는 참으로 암담할 것이다.

업계를 선도하는 기업들은 늘 새로운 질문을 던진다. 애플과 구글, 아마존 등은 기존 사업을 발전시킨 것이 아니라 끊임없이 질문을 던지며 새로운 장르를 개척한 기업들이다. 질문이 막힌 기업이 시대를 선도하는 것은 불가능하다.

기업문화를 개선해야 하는 이유가 바로 여기에 있다. 기업의 수직적인 체계를 수평적으로 개편하고, 상명하달 업무수행 방식에서 양방향 협의 방식으로 바꾸어야 한다. 또한 언제든지 질문할 수 있게 하고 자율과 책임의 경계를 분명히 함으로써 개인의 창의를 실현해나가도록 한다면 업무수행이 원활해지고 성과 또한 개선될 것이다.

또 경청하는 사람은 절대적으로 유리하다. 통영 한산도의 제승당은 운주당이라고도 불렸다. 이순신 장군이 머물며 작전을 짜고 업무를 보던 곳이다. 운주당은 밤에도 불이 꺼지지 않았고 누구나 자유롭게 드나들 수 있도록 출입문도 항상 열어두었다고 한다. 《난중일기》에 자주 나오는 한자가 화(話)·의(議)·론(論) 등이고, '병졸들과 술을 마셨다'라는 기록이 있는 것으로 보아 이순신 장군은 지위가 높고 낮음을 따지지 않고 격의 없는 대화를 나눴으며 토론을 중시했음을 짐작할 수 있다. 경청을 중시했던 이순신의 수군은 매번 문제가 생길 때마다 대화와 토론을 통해 최적의 해결책을 찾아나갔다. 승리의 비결이 바로 거기에 있었던 것이다.

이와 달리 원균은 삼도수군통제사로 부임하자마자 운주당 주변에 울타리를 치고 참모와 부하들의 접근을 막았다. 부하의 의견은 방해가 될 뿐이라고 여겼고, 좋은 의견을 제시해도 무시하곤 했다. 질문을 틀어막은 원균의 독단은 조선 수군의 궤멸이라는 비극적인 결과를 가져왔다.

《성공하는 사람들의 7가지 습관》 저자인 스티븐 코비(Stephen R. Covey)는 성공하는 사람과 그렇지 못한 사람의 결정적인 차이 중 하나가 경청하는 습관이 있느냐 없느냐라고 했다. 조직도 마찬가지다. 제대로 알지 못하면 가야 할 길을 찾기 어려우며, 듣지 않으면 제대로 알기 어렵다. 일방적인 지시와 주장을 쏟아내는 문화에서는 구성원들의 침묵과 방관만 남게 된다.

협동의 가치는 상호 공감을 전제로 하는데, 공감할 수 있으려면 잘 들어야 한다. 농업인과 국민이 농협에 바라는 바가 무엇이고, 이 시대가 원하는 협동조합의 참모습은 무엇인가 하는 근본적인 질문에서 흘러나오는 솔직한 소리에 귀 기울여야 한다. 또한 경청이란 단순히 상대의 말을 들어주는 데 그치는 것이 아니라 공감을 목표로 귀를 기울이는 것을 의미한다. 몸을 앞으로 기울여 더 적극적으로 경청하는 자세가 필요하다. 질문과 경청의 자세가 조직 곳곳에 스며들 때 협동의 힘은 진가를 발휘하게 될 것이다.

진정한 공감으로
마음의 문을 열어라

누군가를 직접 만나 경청하고 대화하기를 수없이 거듭해봐도 역시 사람의 마음을 얻는다는 것은 참으로 어려운 일인 것 같다. 공감 마케팅, 공감 비즈니스, 공감 영화, 공감 미디어…. 공감이란 단어가 넘쳐나는 시대지만 정작 공감하는 순간은 얼마나 될까 싶다. 공감 부족이야말로 이 시대의 가장 큰 문제라고 했던 오바마 전 미국 대통령의 말이 새삼 떠오른다. 페이스북, 트위터, 밴드 등 SNS상에서 공감 버튼을 누른다고 하더라도 그것이 정말로 공감한다는 의미는 아닐 것이다. 테러, 인종차별, 학대, 인권유린 등 아무리 비극적인 소식을 접해도 그것이 나의 고통이 아닌 '남의 고통'에 머물러 있는 한 진정한 공감은 요원한 일이다.

공감은 구호나 말만으로는 이뤄지기 어렵다. 나그네의 외투를 벗길 수 있는 것은 세찬 바람이 아니라 따뜻한 햇살이듯, 공감을 위해서는 다정다감하고 자연스러운 소통이 필요하다. 소통을 하려면 우선 내 마음부터 활짝 열어 진실한 모습을 보여주어야 한다. 서로가 서로를 향해 마음을 여는 것, 그리고 '당신이 나를 믿듯이 나도 당신을 믿습니다'라는 신뢰를 함께 만들어가는 것이야말로 소통의 출발점이다.

세종은 소통의 절실함을 알았던 성군이다. 《세종실록》 7년의 기록에 '문어농부(問於農夫)'라는 말이 나온다. '농부에게 물었다'라는 뜻이다. 재위 7년째 되던 해에 세종이 '20년 이래 이와 같은 가뭄을 보지 못했다'라고 할 만큼 극심한 가뭄이 들었다. 열흘 동안 꼬박 앉아서 날이 샐 때까지 걱정하고 기도하던 세종은 끝내 몸져눕기까지 했다. 지방 관리들도 가뭄 대처에 골머리를 앓았다.

마침내 세종은 현장에 직접 나가 민생을 살펴보기로 했다. 임금의 권위를 상징하는 홍양산(繖)과 큰 부채(扇)를 생략한 채 입직 호위군관 한 명만 데리고 백성들 속으로 들어갔다. 벼가 잘

되지 못한 곳을 보면 세종은 반드시 농부에게 그 까닭을 물었다. 그리고 들판의 농부에게도 다가가 무엇이 아쉬운지 어떤 도움이 필요한지도 물었다. 백성들의 진솔한 마음을 알고 싶어 하고 문제해결을 위해 직접 현장을 찾아다녔던 세종의 진심이 와닿는 듯하다.

배우, 관객, 무대라는 요소가 있어야 극이 이루어지듯 신뢰역시 상대가 있어야 성립된다. 농업협동조합은 농업인과 국민이 있어야만 존재할 수 있으므로 양자는 '물과 물고기의 관계'라 할 수 있다. 그런 의미에서 농업인들과의 공감을 위해 현장을 찾아다니는 시간은 물고기가 물의 고마움을 알고 물의 결을 헤아리고자 하는 과정이다. 농업인 속으로, 국민 곁으로 다가가 아쉬운 것이 무엇인지, 농협이 어떤 도움을 주어야 하는지 직접 묻고 듣는 동안 보이지 않지만 조금씩 신뢰가 싹트는 것을 느낀다. 신뢰가 형성되면 사람들은 그 관계에서 안정감을 느낀다. 그 편안함이 마음속에 있는 진솔한 생각들을 꺼내게 하므로 신뢰가 더욱더 깊어만 간다.

세계에서 가장 큰 궁궐인 중국의 자금성은 99개의 문을 지나야만 황제를 만날 수 있게 되어 있다. 달리 말하면, 도저히 황제를 만날 수 없게 되어 있다. 사람들의 마음에도 저마다의 문이 존재한다. 마음속 가장 진실한 지점에 닿기 위해 몇 개의 문을 지나야 하는지는 사람마다 다르겠지만, 분명한 것은 그 문이 하나씩 열릴 때마다 진정한 소통에 가까워진다는 것이다.

바보의 삶은
우직한 삶이다

'딸 바보'는 바보가 아니다. 딸을 너무나 사랑하는, 그래서 딸을 위해서라면 바보처럼 모든 것을 바칠 수 있는 아버지 또는 어머니일 뿐이다. 이처럼 무언가에 미쳤거나 몰입하는 사람을 요즘 세상에선 '바보'라고 부른다. 책을 좋아해서 닥치는 대로 모으고 읽고 나누면 '책 바보'가 되는 식이다.

예전과 달리 요즘은 바보라는 말이 전혀 기분 나쁘지 않다. 우직하고 한결같다는 의미로 쓰이기 때문이다. 바보라는 어감이 따뜻하게 다가오는 까닭은 그만큼 영악하고 이해타산에 밝은 사람들로 넘쳐나는 시대이기 때문일 것이다. 누구는 그것을 자본주의의 폐해라고도 하고, 누구는 공동체 개념을 상실한 탓이라고도 한다. 그런데 가만 생각해보면, 역사적으로 세상을 바꿔온 이들은 대부분 영악한 사람들이 아니었다. 오히려 바보들이 세상을 바꿨고, 바보들 덕분에 많은 이들이 삶의 위안과 희망을 얻었다.

김수환 추기경은 우리 시대의 대표적인 바보로 꼽힌다. 그의 평생을 제대로 응축해서 표현하는 데 '바보'만큼 딱 맞아떨어지는 단어를 찾기 어렵다. 김수환 추기경은 손수 그린 자화상 아래에 '바보야'라고 썼다. 자신을 바보라 부르며 늘 겸손했다.

"오늘이 삶의 마지막 순간이라고 생각하세요. 그러면 항상 최선을 다하는 삶을 살 수 있습니다."

바보처럼 그는 매 순간 최선을 다해 살았다. 선종하는 마지막 순간에도 각막을 기증하며 바보로서의 삶을 완성했다.

삶이 부질없다는 생각이 들 때마다 그의 가르침대로 오늘이 삶의 마지막이라고 생각해보면 하루가 새롭게 와닿곤 한다. 10년이 지났지만 김 추기경께서 남기신 여러 메시지는 여전히 우리 사회에 크고 긴 울림으로 남아 있다.

바보는 꾀를 부리지 못한다. 그래서 쉼 없이 시도하는 삶을 산다. 2014년 노벨 물리학상을 받은 일본의 나카무라 슈지가 그렇다. 그는 세계 최고의 석학도, 글로벌 기업의 연구원도 아니었다. 시골에서 태어나 지방에 있는 도쿠시마대학을 나와 중소기업에서 일하던 지극히 평범한 사람에 불과했다. 하지만 그는 자신의 신념을 이루기 위해 홀로 연구에 매진했다. 연구 환경은 열악했고 그의 연구를 반기는 사람도 없었지만, 4년간 무려 500번에 달하는 실험을 반복했다. 그리고 1993년, 마침내 청색 LED를 개발했다. 세계적인 기업과 연구소가 27년간 도전했지만 누구도 성공하지 못한 일이었다.

"지금까지 내가 걸어온 길을 되짚어보니 아주 단순한 일들이 쌓이고 쌓여 마침내 성공으로 이어졌다는 사실을 깨달았다."

바보들이 원래 그렇다. 영리하고 꾀 많은 사람이라면 손사래를 칠 만한 일들을 그들은 몇 년이고 묵묵히 반복한다. 그렇게 티끌과도 같은 일들이 쌓이고 쌓여 성공이라는 태산을 만들어내는 것이다.

바보의 일생은 열정이라는 이름으로 대변된다. 모차르트는 음악의 천재인 동시에 음악밖에 모르는 바보였다. 비록 짧은 생을 살았지만 그가 평생 창작한 곡을 악보에 베끼는 데에만 30년이 걸릴 정도로 방대한 양의 작품을 남겼다. 빈센트 반 고흐는 10년 동안 무려 1,000점의 그림을 그렸고, 아인슈타인 역시 특수상대성 이론을 세운 뒤 일반상대성 이론을 정립하기까지 10년 동안 거의 밤잠을 자지 않고 연구에 몰두했다고 한다. 조선 중기의 시인 백곡 김득신은 스스로 부족하다고 생각했기에 책을 읽는 데 모든 노력을 쏟았다. 최소 1만 번 이상 읽은 책이 36권이나 되고, 《사기》의 〈백이전〉은 무려 11만 3,000번을 읽었다고 한다. 천재는 타고난다고 하지만 바보스러울 만큼 열정적인 노력 없이는 무엇도 이룰 수 없다.

바보의 삶은 우직한 삶이다. 수필가 윤오영의 〈방망이 깎던 노인〉에 등장하는 노인이 그렇다. 외출했던 주인공이 마침 방망이 깎는 노인을 만나면서 이야기가 시작된다. 방망잇값이 너무 비싸다며 흥정을 벌여보지만 노인은 한 치도 양보하지 않는다. 결국 흥정은 포기하고 잘 깎아달라고만 하자, 노인은 그제야 천천히 방망이를 깎기 시작한다. 차 시간에 쫓기는 주인공이 대충 깎아달라고 해도 노인은 아랑곳없이 방망이를 깎고 또 깎는다. 결국 차를 놓친 주인공은 화를 내며 방망이를 들고 늦게 귀가한다. 그런데 방망이를 건네받은 부인은 무겁지도 가볍지도 않고 손에 딱 맞는 최고의 방망이라고 감탄한다. 그제야 주인공은 자신의 경박함을 뉘우친다. 노인은 알아주는 사람 하나 없어도 자기 일을 우직하게 해나가는 장인이었던 것이다.

은장도를 만들건 도자기를 굽건 나전을 입히건 문화재급 장인들의 손은 작품을 위해 수천 번을 움직인다. 그렇게 해서 만들어진 물건은 돈으로 환산할 수 없는 작품으로서의 가치를 지닌다. 쉽게 포기하지 않고 타협하지도 않는 우직함이 그들의 힘이다.

바보가 추구하는 가치는 '밑 빠진 독에 물 붓기'다. 이해타산에 밝고 영악한 요즘 사람들이 보기에 밑 빠진 독에 물을 붓는 것은 어리석기 짝이 없는 일이다. 하지만 바보들에게는 '우보천리(牛步千里)'이며 '우공이산(愚公移山)'이다. 바보 같지만 소처럼 앞만 보고 뚜벅뚜벅 걷다 보면 언젠가는 뜻하는 바가 이루어진다는 사실을 알고 있는 것이다. 훌륭한 업적을 이룬 사람들은 이처럼 한 우물을 팠다. 밑 빠진 독인 줄 알면서도 계속 물을 갖다 부었다. 그것이 뜻밖에 세상에 이로운 결과들을 만들어냈다. 밑 빠진 독을 타고 흘러내린 물이 나무의 뿌리를 적셔 거목으로 키우고 숲을 이루게 한 것이다.

조직이든 인간이든 달라지려면 먼저 습관이 바뀌어야 한다. 무수히 많은 시간 동안 묵묵히 전진하는 노력이 쌓이고 쌓여서 임계점을 넘어섰을 때 하나의 목표가 달성되는 것이다. 마법처럼 한 번에 이루어지는 것은 없다. '난득호도(難得糊塗)', 즉 바보처럼 사는 게 더 어렵다.

우리에게 주어진 길을 바보처럼 묵묵히 가는 것 역시 결코 쉽지 않다. 그렇지만 우리는 그 길을 가야 한다. 김수환 추기경은 "나의 사랑이 머리에서 가슴으로 내려오는 데 무려 70년이 걸렸다"라고 하셨다. 오랜 시간이 걸렸지만 그는 결국 바보가 되어 여전히 사랑받고 있다.

리더는 말보다
행동으로 보여준다

마케도니아의 왕 알렉산드로스는 페르시아제국과의 전쟁에 나서 페르시아의 왕 다리우스 3세를 격파한다. 알렉산드로스는 다리우스로부터 화평을 제안받지만, 끝내 거절하고 마침내 시리아와 이집트를 손에 넣는다. 그리고 유프라테스강을 건너 가우가멜라 부근에 진을 치고 있는 다리우스와 마지막 결전을 앞두고 있었다.

5만 명 대 25만 명, 5배 차이의 병력 앞에서 참모들은 철군을 강력히 주장했다. 하지만 알렉산드로스의 생각은 달랐다.

"우리 군은 내가 없어도 흔들림 없이 싸울 수 있지만 페르시

아 군대는 다리우스 대제가 없으면 무너진다.”

그는 죽음을 무릅쓰고 공격조의 선봉에 섰다. 결과적으로 이 전투에서 알렉산드로스는 승리했고, 다리우스는 지친 부하들에게 죽임을 당하며 생을 마감했다. 전쟁 역사상 가장 위대한 전투 중 하나로 가우가멜라 전투가 꼽히는 까닭은 병사들이 수적 열세를 극복하게 한 리더의 솔선수범이 있었기 때문이다. 평생에 걸친 정복 전쟁에서 그는 단 한 번도 선봉을 벗어난 적이 없었다.

11세기 몽골고원에서는 또 다른 영웅 칭기즈칸의 활약이 펼쳐졌다. 돌궐족과 위구르족이 떠난 뒤 드넓은 초원을 차지하기 위해 치열한 전쟁이 이어지던 어느 날, 칭기즈칸은 놀라운 결정을 내렸다. 이해관계에 따라 움직이는 귀족들 대신 꿈과 이상을 위해 목숨 바칠 하층 유목민들을 선택한 것이다. 제일 먼저, 전리품에 대한 귀족들의 우선권을 없애고 병사들과 공평하게 나누어 가지도록 했다. 나아가 귀족과 평민의 신분제도를 철폐하고 능력만으로 전문가를 뽑아 양성하는, 당시로써는 혁명과도 같은 조치를 시행했다.

이런 혁신은 몸소 행동하고 실천하는 칭기즈칸의 영향으로 빠르게 정착됐다. 그 결과 공동의 목표를 가진 최강의 공동체가 탄생했다. 칭기즈칸은 복종자가 아닌 진정한 추종자들에 의해

유목민 최고의 지도자가 된 것이다.

알렉산드로스와 칭기즈칸에 견줄 수 있는 영웅은 우리 역사에도 있다. 원균이 이끈 조선 수군이 칠천량 해전에서 참패하고 12척의 판옥선만 남았을 때, 삼도수군통제사로 임명된 이순신 장군은 330킬로미터에 달하는 경상도와 전라도 지역을 15일 동안 쉼 없이 돌아다니며 살핀다. 전쟁 현황과 민심을 정확히 파악하기 위해서였다. 장군의 이런 솔선수범이 수많은 백성을 의병으로 만들었고, 뿔뿔이 흩어져 있던 부하 장수들까지 다시 하나로 뭉치게 했다.

이순신 장군은 흔들리지 않는 원칙과 사명감 때문에 오히려 평생에 걸쳐 고난의 나날을 보내야 했다. 하지만 그는 불의와 타협하지 않았고, 화살과 총탄이 빗발치는 전장의 한가운데에서도 늘 선봉을 떠나지 않았으며 죽어서도 끝내 그 자리를 지켜냈다. 그는 결코 물러서지 않음으로써 스스로 비전이 되고자 했던, 솔선수범의 상징과도 같은 인물이었다.

이제 역사 속 영웅이 아닌 현실에서의 솔선수범을 이야기할 차례다. 우리에게는 이유 불문하고 상사의 지시를 따라야 하는 시대가 있었다. 그 시대의 리더란 대체로 이런 유형이었다.

- 고삐만 틀어쥐고 끊임없이 달리게 하는 사람
- 배고픔을 이용하여 무한경쟁을 유도하는 사람
- 가는 방향을 혼자서만 알고 있는 사람
- 제대로 일하지 않는다며 내쫓거나 몽둥이와 채찍을 가하는 사람

어떻게 보면 리더라기보다는 차라리 개썰매 주인을 가리키는 말 같기도 하다. 그럼에도 이처럼 일그러진 리더의 잔상이 여전히 우리 뇌리에 남아 있다. 그만큼 솔선수범의 참뜻이 왜곡된 채 오랫동안 대물림되어왔기 때문일 것이다.

그러나 이제는 상사의 말에 맹목적으로 복종하는 시대가 아니다. 특히 솔선수범하지 않는 상사를 따르는 사람은 거의 볼 수 없다.

'솔선(率先)'이란 남보다 앞장선다는 의미이고, '수범(垂範)'은 모범을 보인다는 뜻이다. 네덜란드 암스테르담대학교의 바스 반 덴 푸테(Bas van den Putte) 교수에 따르면 초콜릿의 맛을 설명하기보다 초콜릿을 맛있게 먹는 모습을 보여주는 것이 설득에 훨씬 효과적이라고 했다. 말보다 행동으로 보여주는 것, 이것이 솔선수범의 핵심이다.

어느 인디오 추장에게 "당신의 가장 강력한 특권이 무엇인가?"라고 묻자 이런 대답이 돌아왔다.

"전쟁이 났을 때 가장 앞에 설 수 있는 것."

솔선수범하는 리더란 앞장서서 걷는 사람을 뜻한다. 리더 중에는 솔선수범을 희생이라고 여기는 이들도 적지 않다. 그러나 솔선수범은 희생이 아니라 조직의 리더로서 당연한 의무다. 리더의 역할이 직원들의 마음과 행동을 움직여 궁극적으로 조직의 성과를 키우는 것이기 때문이다.

지시나 강요에 의한 관리는 설령 효과적인 것처럼 보여도 결코 오래가지 않는다. 강요는 직원들을 눈에 보일 때만 움직이게 할 뿐 자발적 실행을 끌어내기가 어렵다. 강압적인 지시는 조직 내에 의심과 감시가 만연케 할 가능성마저 내포하고 있다.

말만으로는 의도가 충분히 전달되지 않는다. 일관된 행동을 꾸준히 반복할 때 비로소 마법처럼 강력한 힘이 생겨난다. 그 마법은 구성원들에게 고스란히 전해져 새로운 솔선수범을 낳는다. 주어진 업무만을 수행하던 수동적인 자세에서 한 걸음 나아가 "제가 한번 해보겠습니다"라는 능동적이고 자발적인 자세로 도약하게 된다. 직원들이 잠재적 역량을 완전히 연소하게 하는 가장 효과적인 방법이 리더의 솔선수범이다.

우물 안 개구리와
냄비 속 개구리

'좌우봉원(左右逢源)'이라는 말이 있다. 주변의 사물과 현상을 잘 헤아리면 결국 근원과 만나게 된다는 뜻이다. 일상의 모든 것이 배움의 원천이라는 의미이기도 하다.

〈네이처〉가 선정한 인류 역사상 최고의 천재인 레오나르도 다빈치는 이렇게 말했다.

"쇠는 사용하지 않으면 녹슬 듯이, 활동하지 않으면 지성도 쇠퇴한다. 나는 쇠붙이에 불과하지만 평생 면도날이 되고자 애썼다."

타고난 천재가 자신을 한낱 쇠붙이에 비유하며 평생 면도날이 되고자 했다는 독백 앞에서 한없이 부끄러워진다.

영화 〈빠삐용〉에서 자신이 무슨 죄를 지었느냐고 항변하는 빠삐용에게 신이 한 대답은 또 어떤가.

"너는 인간이 저지를 수 있는 가장 흉악한 범죄를 저질렀다. 바로, 인생을 낭비한 죄다."

가슴이 쿵 내려앉는다. 오늘 하루, 무의미하게 흘러갔을지도 모를 시간이 바위처럼 가슴을 누른다.

시간을 낭비하지 않는 최고의 방법은 무엇일까? 고리타분할 수 있겠지만, 공부가 답이다. 우리 뇌리에 각인된 주입식 시험공부를 말하는 게 아니다. 특정한 분야에만 국한된 과목으로서의 공부가 아니라 삶의 모든 부분을 아우르는 성장과 깨달음으로서의 공부를 뜻한다.

조선 시대의 임금들은 대부분의 시간을 공부에 힘썼다. 건국에서 멸망까지 518년을 이어온 조선은 로마제국이나 오스만제국, 삼국 시대의 몇몇 사례를 제외하면 세계사에서 보기 드문 생존 기간을 자랑한다. 그토록 유구한 역사가 가능했던 이유 중 하나로 교육을 꼽을 수 있다. 조선 시대 임금의 공부는 주로 '경연(經筵)'이라는 특별한 토론 수업을 통해 이루어졌다. 역사상 성군으로 알려진 임금들은 하나같이 경연을 게을리하지 않았다. 세종은 1,898회, 영조는 3,458회, 성종은 9,006회의 경연에 참석했다. 반면 경연에 가장 무관심했던 임금은 다름 아닌 선조였다. 학습을 게을리한 선조는 국난에 대비하라는 율곡 이이의 충언을 끝내 받아들이지 않았고, 그 무관심의 결과 10년 후 임진왜란이라는 비극이 일어났다.

조선 시대에는 배움에 대한 열정으로 기념비적인 업적을 남긴 선비들도 많다. 연암 박지원은 잘 모르는 대목을 수차례 반복 학습하며 모르는 채로 넘어가는 것을 극히 경계했다. 그런가 하면 퇴계 이황은 출세를 위한 공부나 자신을 드러내기 위한 공부가 아닌, 인격을 성장시키는 공부를 해야 한다고 강조했다. 책을 구할 여력조차 없었던 화담 서경덕은 늘 자연의 섭리를 사색하고 숙고하며 깨달음을 얻는 방식으로 공부했고, 남명 조식은 공부할 때도 쇠 방울을 차고서 흐트러진 마음을 가다듬었다고 한다. 한마디로, 조선의 역사는 임금을 비롯한 리더들의 끊임없는 자기수양과 학습의 역사였다고 해도 과언이 아니다.

봄이 오면 제비는 처마 밑에 둥지를 튼다. 제비들이 집을 짓는 광경을 보면 그 용의주도함에 감탄하게 된다. 제비는 진흙을 조금씩 물어와 집을 짓되 그저 쌓기만 하면 무너질 수 있기 때문에 흙이 마르기를 기다리며, 진흙 사이사이에 지푸라기도 섞어준다. 이런 과정이 수없이 반복된 뒤에야 바람에 흔들리지 않고 습기에 허물어지지 않는 견고한 제비집이 완성된다. 공부 역시 이와 다르지 않다. 제비가 진흙과 지푸라기를 섞어 둥지를 짓듯이 공부도 마음속에 지식을 녹이고 무르익기를 기다리면서 쉼 없이 반복해야만 지혜로 완성된다. 또한 공부는 단순히 학문을 배우고 익히는 수준을 넘어 사람다운 사람이 되기 위한 삶의 여정이다. 선비들이 책을 볼 때 항상 몸가짐을 단정히 했던 것도 그런 이유에서다.

배움과 자기수양에 게으른 사람은 세상 물정 모르는 우물 안 개구리가 되기 쉽다. 더구나 리더 자리에 있는 사람이 배움을 게을리한다면 그 조직은 불행해질 수밖에 없다. '우물 안 개구리'가 구성원들을 '냄비 속 개구리'로 내몰 수도 있기 때문이다. 오늘날처럼 급변하는 세상에서 새로움을 받아들이고 부단히 배우고 익히지 않으면 흐름을 따라갈 수가 없다. 크게 배우면 크게 성장하고, 항상 배우면 항상 앞서 간다.

원칙이 곧
지름길이다

1950년 11월 27일, 매복 중인 중공군 병사들은 적의 진영에서 홀로 왔다 갔다 하는 이상한 미군 장교를 주시하고 있었다. 그는 미 해병 1사단 신임 중대장 윌리엄 바버(william barber) 대위였다. 중대원들보다 먼저 야영지에 도착한 바버 대위는 하룻밤만 넘기면 북쪽 전선으로 이동해야 하는 상황이라 진지를 구축할 것인가 말 것인가를 두고 고민 중이었다. 전술 원칙상 군은 단 하루를 머물러도 참호를 파고 야영지에 충분한 방호 대책을 세워야 했다.

바버 대위는 혹한을 뚫고 이동하느라 이미 녹초가 된 병사들

을 그냥 재우는 게 낫다고 판단했다. 그런데 갑자기 무언가 거부할 수 없는 힘이 그의 생각을 바꾸게 했다.

함경남도 장진호 주변에 있는 덕동고개는 첩첩산중으로, 중공군이 매복해 있기 쉬운 전략적 요충지였다. 그래서 그는 구석구석 답사하며 꼼꼼하고 철저하게 방어진지를 구상하고, 1년 이상 머물 요새를 짓듯 정성 들여 진지를 구축했다. 얼어붙은 땅을 파느라 병사들의 입에서는 불만의 소리가 계속해서 튀어나왔다. 그런데 바버 대위가 내린 이 결정이 훗날 한국전쟁의 운명을 바꾸어놓을 줄은 누구도 예상하지 못했다.

중공군은 북진한 미 해병대의 퇴로를 차단할 목적으로 최고의 전략지인 덕동고개에 대규모 공격을 개시했다. 바버 대위와 중대원 237명은 그날 구축한 진지 덕분에 무려 5일 동안이나 4,000여 중공군의 파상공세를 버텨냈다. 이들이 덕동고개를 방어하는 동안 미 해병은 중공군의 추격을 뿌리치고 전략적 후퇴에 성공해 마침내 그 유명한 흥남 철수 작전을 수행할 수 있었다.

덕동고개 전투가 우리에게 시사하는 바는 기본과 원칙을 지킨 한 사람의 행동이 조직의 운명을 바꿀 수 있다는 것이다. 바버 대위가 진지를 구축하지 않고 야영을 선택했다면 그의 중대는 그날 밤 전멸했을 것이고, 역사는 다른 방향으로 흘러갔을 것이다.

우리는 흔히 융통성과 원칙 사이에서 갈등한다. 하지만 융통성도 원칙을 지키는 것을 전제로 하는 것이다. 신호를 지키되 응급차가 나타나면 길을 터주는 것과 같은 이치다. 융통성 역시 원칙 안에서 허용되어야 하고, 원칙을 위해 발휘되어야 한다. 원칙은 곧 조직을 움직이는 기준이자 조직의 공의(公義)와 구성원 개개인의 행동 규범이다. 원칙이 잘 지켜지는 조직은 공의가 살아 숨 쉴 뿐만 아니라 구성원 개개인도 불평 없이 조직에 순응하게 된다. 반대로 원칙이 흔들리면 조직 또한 흔들릴 수밖에 없다.

조직의 원칙이 잘 지켜지기 위해서는 구성원 개개인의 노력도 중요하지만 무엇보다 리더가 원칙을 존중해야 한다. 리더가 원칙을 지킬 때 구성원들도 리더를 본받아 원칙을 따르게 된다. 하지만 안타깝게도 원칙을 세우긴 했지만 상황에 따라 흔들리고 타협하는 리더들이 많다. 리더라면 반드시 기억해야 한다. 구성원들은 리더가 무엇을 말하는지보다 무엇을 하는지에 초점을 맞춰 바라보고 있다는 사실을 말이다.

흉노제국의 건국자인 묵돌선우는 한고조 유방을 패퇴시킨 영웅호걸이다. 그는 융통성을 활용하되 물러설 수 없는 원칙만큼은 철저히 지켰다.

한번은 흉노와 우호 관계에 있던 동호족이 선왕이 탔던 천리마를 요구했다. 신하들이 반대하자 묵돌선우는 "말 한 마리 때문에 우호 관계를 저버릴 수 없다"라며 요구사항을 들어줬다.

그러자 이번에는 그의 애첩을 바치라고 요구했다. 신하들이 또다시 극렬히 반대했으나 "여자 하나 때문에 의리를 저버릴 수 없다"라며 자신의 애첩을 동호에 보냈다.

더욱 오만해진 동호족은 그들과 흉노족 사이 1,000여 리에 걸쳐 있는 황무지에 대한 소유권까지 주장했다. 신하들은 어차피 쓸모없는 땅이니 동호족에 넘겨주자고 했다. 그러나 묵돌선우의 생각은 달랐다. "땅이란 나라의 근본이다. 단 한 줌의 흙도 동호족에 줄 수 없다"라며 땅을 넘겨주자고 말한 신하들을 모조리 참수했다.

오늘날 많은 기업이 단기적인 처방에만 급급한 나머지 변화에 실패하고 있다. 그 실패의 요인을 살펴보면 대부분 변화의 방향을 알지 못하거나 제시하는 비전과 방법에 원칙이 부족함을 알 수 있다. 대부분 조직이 멋진 말로 잘 정리된 원칙들을 내걸고 있지만, 아무리 훌륭한 원칙이라도 구성원들이 실행하지 않으면 의미가 없다. 원칙이 더없이 명확해야 하는 이유가 바로 이것이다. 누구나 정확히 인식하고 지켜나갈 수 있을 만큼 확실해야 크나큰 변화의 한가운데에서도 구성원 모두가 흔들림 없이 지켜낼 수 있다.

도요타는 2009년에 초래된 대규모 리콜 사태로 5조 원에 이르는 막대한 손해를 봤지만 재기에 성공했다. 그 비결은 원칙을 다시 세우는 것이었다. 그들은 고객 우선, 품질 우선, 효율 중시라는 기본 원칙을 내세웠다. 그리고 '원점으로 돌아가자(Back to the Basic)'라는 선언과 함께 직원들의 자발적 실천을 유도함으로써 다시 세계적인 자동차 회사로 부상했다.

원칙을 지키는 것이 때로는 멀리 돌아가는 것처럼 굴곡져 보이기도 한다. 하지만 원칙은 오히려 여러 시행착오를 줄여주는 지름길이다.

개인이 행복할 때
사회도 행복하다

세상에서 가장 아름다운 것을 그려보겠다며 길을 나선 화가가 있었다. 화가는 우선 아름다운 것이 무엇인지 알기 위해 여러 사람에게 물었다. 목사는 '믿음'이라 했고, 군인은 '평화'라고 했으며, 신혼여행을 떠나는 신부는 '사랑'이라고 대답했다. 화가는 이 세 가지 아름다움을 한 장의 그림에 담기 위해 세상을 돌아다녔다. 하지만 쉽지 않은 여정이었다. 오랜 여행에 지친 그는 결국 아무것도 그리지 못한 채 집으로 돌아와야 했다.

지친 몸으로 힘없이 문을 열고 들어서는데 "아빠!" 하고 아이들이 소리치며 달려와 안겼다. 그때 화가는 아이들의 반짝이는 눈망울에서 믿음을 봤다. 따뜻하게 반겨주는 아내에게서 사랑을 발견했고, 편안한 가정에서 평화의 감정을 느꼈다. 그제야 화가는 세상에서 가장 아름다운 것은 다름 아닌 가정이라는 사실을 깨달았다. 더는 아름다움을 찾아 헤맬 필요가 없게 된 그는 눈앞의 세 가지 아름다움을 화폭에 담기 시작했다. 그리고 제목을 '세상에서 가장 아름다운 그림'이라 했다.

파랑새를 찾아 떠난 틸틸과 미틸처럼 화가가 그토록 애타게 찾아다녔던 믿음, 사랑, 평화도 다름 아닌 가정에 있었다. 그런데 우리는 그 소중함을 흔히 잊고 살아간다. 가정은 사람에게 가장 많은 영향을 미치는 사회 내 최소 집단이다. 사람의 건강과 질병도 생물학적 요인들뿐 아니라 자신이 속한 집단이나 네트워크 등 사회적 조건들에 크게 영향을 받는다는 사실을 고려할 때, 가정이 얼마나 중요한지는 두말할 필요가 없다.

최근에는 워라밸(Work-life balance)을 중시하는 분위기가 급속도로 확산되고 있다. 개인의 삶과 일의 균형을 통해 가정의 행복을 찾아가려는 경향이 어느 때보다 뚜렷하다. '만일 여유가 생긴다면 어떻게 활용할 것인가'라는 질문에 '가족과 함께하겠다'라는 대답이 당당하게 1위를 차지한 것도 이런 변화를 보여준다. 사람들의 가치관이 성장 추구 시대를 벗어났다는 의미다. 과거에는 자기계발을 하거나 인맥을 쌓겠다는 대답이 지배적이었다. 사회 구성원들이 가정의 소중함을 깨닫기 시작했다는 것은 더없이 반가운 일이다. 가정에서의 행복이 중요한 이유는 거기서 비롯된 여유와 배려가 각박한 사회로 전파되고 확대될 수 있기 때문이다. 생산성이나 창의성 또한 개인의 사고로부터 생겨나므로, 워라밸의 확산은 사회와 조직 모두에게 득이 될 수 있다.

2017년 한국의 연평균 근로 시간은 2,024시간으로 OECD 회원국 중 멕시코, 코스타리카에 이어 세 번째로 길었다. 그런데 노동생산성은 오히려 최하위권이었다. 이는 투입한 시간에 비해 생산성이 떨어진다는 의미다. 세계 최고의 교육 수준이라고 이야기되는 한국의 인적 자원을 고려했을 때 참으로 불가사의한 일이다.

미국을 비롯한 유럽 대다수 기업은 근무 시간은 짧지만 집중도가 높다. 그런 점에서 양적 측면만을 강조해온 우리에게 시사하는 바가 매우 크다. 그들의 생산성은 투입한 '양적 시간'이 아니라 '질적 시간'으로 산출된다. 우리나라에서는 한때 야근수당을 받기 위해 저녁 식사를 마친 뒤 다시 사무실로 들어오는 직원들로 골치를 앓는 회사가 많았다. 이해할 수 없는 제도 때문에 직원들은 형식적인 야근을 해야 했고, 회사는 불필요한 비용을 감수해야만 했다. 양적 시간만을 고려했기 때문에 발생한 문제다.

워라밸을 단순히 개인적 여유만을 위한다는 이기적인 의미로 받아들여서는 안 된다. 워라밸은 개인의 행복을 찾고자 하는 시도인 동시에 우리 사회가 그동안 '일'을 어떻게 여겨왔는지에 대한 반성의 움직임이기도 하다. 또한 일을 하는 데 과거의 낡고 고리타분한 방식에서 벗어나 새로운 변화를 모색해야 한다는 시대적 요구이기도 하다. 워라밸의 제안처럼 일과 삶의 균형을 통해 더 효율적으로 일할 수 있다면 생산성에도 의미 있는 변화가 생길 것이다.

회사는 직원들이 꿈과 이상을 펼쳐내는 장이다. 그런데 오랫동안 꿈과 이상을 소진해버린 직원들에게는 관성과 타성만이 남아 있다. 많은 직장인이 영혼 없이 일하다가 감동 없이 퇴근한다. 그야말로 번아웃 상태가 된 것이다. 하지만 회사는 사람이 곧 경쟁력인 조직이다. 꿈도 비전도 없는 직원들이 빈껍데기로만 존재하는 회사에는 희망이 있을 수 없다.

워라밸은 비효율적인 일을 걷어내고, 일을 대하는 직원들의 마음가짐을 변화시키려는 흐름이다. 이를 통해 창출된 여가로

직원들의 삶의 가치가 높아지고, 그것이 다시 조직의 생산성과
창의성을 높이는 선순환을 만들어낼 수 있다면 그 조직은 인적
자원의 경쟁력이라는 측면에서 우위에 서게 될 것이다.

청년 농부의 꿈이
활짝 펼쳐지도록

"너 자신의 목소리로 말하라(Speak yourself!)!"

미국 뉴욕에서 열린 유엔 아동기금 행사에서 한국 가수로는 최초로 방탄소년단이 전 세계를 향해 던진 메시지다. 음악을 통해 자신들의 이야기를 전하려는 젊은이들의 당당함이 느껴진다. 그런데 이처럼 자신의 목소리로 말할 수 있는 젊은이가 실제로 얼마나 될까?

얼마 전 팟캐스트 〈법륜스님의 즉문즉설〉에서 한 여학생이 질문을 했다. 대학에 진학하면서 자신은 농업 분야로 진로를 정하고 싶지만 부모님과 주변 사람들이 만류해서 갈등하고 있다는 내용이었다. 앞날이 창창한 젊은이가 왜 하필 농업을 선택하려고 하느냐, 게다가 여성으로서 농업을 한다는 것이 얼마나 힘든지 아느냐 등 이런저런 충고가 자꾸 발목을 잡는다는 것이었다.

"제 소신을 밀어붙여야 할까요, 아니면 주변 사람들의 충고를 받아들여야 할까요?"

법륜스님은 여학생의 선택에 손을 들어줬다. 농업의 미래에는 가능성이 무궁무진하고, 그 길을 가고자 하는 본인의 의지 또한 강하니 그 길을 잘 찾아가면 된다고 격려한 것이다. 그리고 남들 보기에 좋은 생을 살기보다 자신이 믿는 행복을 위한 선택이 더 중요하다는 얘기도 덧붙였다.

인생에 정해진 길은 없다고 하지만, 대부분 사람은 어떤 선택의 순간이 되면 자신의 신념보다 주변 사람들이 어떻게 생각할지를 더 중요하게 여긴다. 누군가가 다소 낯설고 고된 길을 가려고 하면 주위에서는 격려를 하기보다 왜 그런 멍청한 선택을 하느냐며 걱정하고 만류하기 일쑤다. 그래서 결국은 덜 힘들고 안정적인 길을 선택하게 된다.

하지만 누구나 가고 있는 그 '안정적인 길'이야말로 가장 경쟁이 치열한 곳이다. 너도나도 몰려드니 그만큼 성공할 가능성도 작을 수밖에 없다. 매년 수백 대 일의 경쟁률을 기록하는 공무원 시험에서 최종 합격자는 소수에 불과하다. 그럼에도 다들 그 길을 선택하려는 까닭은 편안하고 안전할 거라는 막연한 희망 때문이다. 그러나 안타깝게도 그 길은 너무도 힘든 길일뿐더러 '나의 길'이 아닌 경우도 많다.

숲속에서 만난 두 갈래 길에서 사람이 적게 간 길을 택함으로써 모든 것이 달라졌다는 로버트 프로스트(Robert Frost)의 시를 떠올려보자. 가지 않은 길에 대한 미련보다 자신이 선택한 인생을 묵묵히 걸어가는 삶이라면 그 자체로 성공적이지 않은가. 어떻게 보면 남들이 한사코 피하는 길에 더 많은 성공의 기회가 숨어 있다.

최근 농촌 지역에 일고 있는 변화의 바람은 사뭇 고무적이다. 20~30대 청년들이 하나둘 농촌으로 오고 있기 때문이다. 경쟁이 치열한 도시의 삶에서 벗어나 자신의 미래를 직접 개척하겠다는 젊은이들이 있는가 하면, 일과 휴식의 균형이 깨진 각박한 일상에서 벗어나 소박한 행복을 추구하겠다는 젊은이들도 있다. 또 이미 농촌에서 꿈을 찾아 거침없이 도전하는 젊은이들도 점점 늘고 있다. 농업에서 새로운 희망과 가능성을 찾고 있는 이 젊은이들은 기존 농업 기술에 다양한 아이디어와 기술을 접목하고 새로운 마케팅 기법을 시도하는 등 '자기만의 목소리'를

힘차게 내고 있다.

　강원도 원주의 감자 기업 '록야'의 박영민, 권민수 공동대표는 롤모델이 있느냐는 질문에 주저 없이 세계적인 자동차 기업테슬라를 꼽는다. 록야와 테슬라, 사업 분야는 전혀 다르지만 신기술을 개발하고 신시장을 개척한다는 점에서 공통점이 있다는것이다. 실제로 이들은 농한기 육묘장을 활용하여 꼬마감자를대량으로 생산하는 데 성공했다. 수확한 감자들 가운데 작은 것을 선별하여 '꼬마감자'로 팔던 기존의 방법에서 벗어나 꼬마감자만 재배하는 신기술을 개발한 것이다. 1인 가구 증가, 간편식시장 확대 등 라이프스타일의 변화를 읽고 발 빠르게 대응한 것이 멋지게 적중한 셈이다.

　충남 아산으로 귀농한 변동훈 대표의 온라인 쇼핑몰 '네이처오다'에서는 3등급 한우만 판매한다. 마블링이 적다는 이유로소비자들에게 외면받는 3등급 한우만을 취급하는 까닭은 사람과 동물 모두에게 유익한 생산 및 소비 환경을 구축하기 위해서라고 한다. 일반적으로 소고기는 마블링이 많고 등급이 높을수록 더 맛있다고 알려져 있지만, 그의 생각은 다르다. 그는 기름진 맛이 좋은 맛이라는 통념을 바꾸고자 과감히 '안티 마블링운동'을 펼치고 있다. 그의 도전은 건강과 환경을 생각하는 소비자들의 관심과 화답으로 이어지고 있다.

　농업·농촌의 지속 가능한 성장을 위해 젊은 농업인들이 농촌으로 새롭게 유입되는 것은 두 팔 벌려 환영할 일이다. 물론 이들이 안정적으로 자리를 잡을 수 있도록 농지 확보부터 시작해 영농 정착, 자금 지원, 영농 기술 전수 등 해결해야 할 과제들도 많다. 무엇보다 정부와 지자체, 관련 기관의 유기적인 협조 속에 영농 단계별, 유형별 체계적인 지원 프로그램이 마련되어야 한다. 아울러 종합적인 교육 및 기술 지원, 자금 지원 등도 필요하다. 오랜 갈등 끝에 농촌을 찾은 젊은이들이 발걸음을 되돌리지 않게 하려면 농업계의 모든 사람이 관심을 기울이고 성원을 아끼지 말아야 한다.

　청년 농업인들은 젊고 의욕이 넘칠 뿐만 아니라 새로운 변화에 대한 적응력이 높고, IT 기술의 활용 면에서도 기존 농업인들보다 한발 앞서 있다. 레드오션으로 평가받던 농업이 빅데이터, 로봇, 스마트팜, 드론 등 4차 산업혁명과 결합한다면 우리의 농업은 상상하지 못했던 메가 블루오션으로 거듭날 수 있을 것이다. 젊은이들이 농업에서 푸른 내일을 설계할 수 있다면, 농업계도 방탄소년단과 같이 당당히 자신의 목소리를 내는 당찬 젊은이들로 가득 차게 될 것이다.

햄릿보다는 돈키호테를

어느 날 자회사인 농협캐피탈로 전화 한 통이 걸려왔다. 경북 칠곡에 사는 농업인인데 차량을 리스하고 싶다는 내용이었다. 전화를 받은 사람은 아직 입사한 지 1년이 채 안 된 직원이었다. 그는 농업인에게 꼭 필요한 일인 만큼 직접 찾아가서 처리해야겠다는 생각에 서울에서 칠곡까지 직접 차를 몰고 내려갔다. 하지만 고객을 만날 수 없었다. 양봉업을 하시는 분이라 벌을 키우며 이동하기 때문에 주소가 일정하지 않다는 것이었다. 1시간이 넘게 찾아다닌 끝에 간신히 그분을 만날 수 있었다. 무사히 계약까지 마치고 다시 서울로 돌아오는 동안 고객으로

부터 고맙다는 전화가 몇 차례나 걸려왔다고 한다. 서울에서 직접 내려와 준 것이 너무도 고맙다는 것이다.

사례 발표 시간에 소개된 일화다. 그 직원은 농업인들과의 만남이 어떤 의미인지 피부로 느꼈다고 말했다. 마음이 통하는 느낌이 들고, 서로가 서로에게 감사한 존재라는 사실을 깨달은 소중한 기회였다고도 했다. 그러면서 그 직원은 농협캐피탈에 차량 리스를 해줄 수 있도록 회장이 직접 현대자동차 사장을 만나주셨으면 한다고 정중히 건의했다. 개인적인 바람이 아니라 자신의 존재 이유를 정확히 인지한 건의였다. 농협캐피탈에서 수익을 높여 농업인들에게 환원해야 한다는 생각이었기 때문이다.

그 후 현대자동차 정의선 부회장을 만난 자리에서 현대자동차와 농협캐피탈의 오토리스 업무 협력을 제안했고, 적극적으로 검토하겠다는 답변을 얻었다. 한 직원의 열정이 새로운 사업 기회를 연 것이다.

사람은 어떻게 생각하느냐에 따라 자신의 인생을 훌륭하게 가꿀 수도, 그저 그런 인생을 살아갈 수도 있다. 누구나 인생을 살면서 생각지도 못한 장애물들을 만나기 마련이지만, 그 어려움 앞에서 어떻게 할지를 판단하는 것은 온전히 자신의 사고방식에 달려 있다. 그러므로 우리는 늘 생각하는 훈련을 해야 한다. 매 순간 긍정적이고도 진취적인 판단이 이뤄진다면, 그것들이 모여 꿈꾸던 삶으로 이끌 것이다.

나아가 체력이나 건강과 같은 신체적 능력은 물론이고 어떤 일을 제대로 실행할 수 있는 전문적 능력도 필요하다. 그런 능력은 하늘에서 뚝 떨어지거나 하루아침에 불쑥 생겨나지 않는다. 자신이 하고자 하는 일, 가고자 하는 방향에 필요한 능력을 사전에 준비하고 습득하기 위해 노력해야 한다. 기회는 사고방식과 능력을 갖춘 사람에게만 주어지며, 거기에 용기가 곱해질 때 꿈꾸던 일이 성취된다.

인생과 일의 결과 = (사고방식 + 능력) × 용기

이 방정식에서는 사고방식이나 능력보다 용기가 더 결정적인 영향을 미친다. 긍정적인 사고방식이나 뛰어난 능력도 중요하지만, 새로운 길을 모색하거나 더 높은 차원으로 도약하기 위해서는 반드시 용기가 필요하기 때문이다. 용기가 제로라면 사고방식이나 능력과 상관없이 결과는 항상 제로가 된다.

셰익스피어의 《햄릿》에서 주인공 햄릿은 "죽느냐 사느냐, 그것이 문제로다"라는 말만 반복한다. 사고방식과 능력은 온전할지 모르지만 열의와 용기가 없어 결국 비극을 맞이한 것이다.

수영을 배우고 싶어 하는 사람이 물 먹는 것을 두려워한다면 수영을 배울 수 없고, 삼진을 두려워하는 타자는 홈런을 칠 수 없다. 일과 인생에서도 마찬가지다. 우물쭈물하는 햄릿보다는 차라리 무모하리만큼 도전하는 돈키호테에게 더 많은 기회가 찾아온다. 완벽한 순간이란 존재하지 않는다. 언젠가 더 좋은 기회가 있으리라 생각하겠지만, 가장 좋은 기회는 바로 지금이다.

앞서 소개한 직원을 방정식에 대입해보면 딱 맞아떨어진다. 농업인을 향한 마음과 업무에 대한 전문성을 지녔고, 생각한 바를 실천으로 옮기는 용기까지 갖췄기에 좋은 결과를 얻었다. 어쩌면 그 용기는 현장에서 농업인을 직접 만나면서 싹튼 것일지도 모른다. 하나의 진심이 또 다른 진심을 만났을 때 무엇을, 왜 해야 하는지 깨닫게 되고 확신하게 되기 때문이다.

추석을 앞두고 현장을 둘러보던 어느 주말, 하나로마트 식육 코너에서 지역농협의 지점장 한 분을 만난 적이 있다. 그는 하얀 작업복에 앞치마를 두른 채 고기를 손질하고 있었다. 은행에서 일해야 할 지점장이 왜 휴일에 여기서 고기를 썰고 있을까 몹시 궁금했다. 식육 코너 직원이 갑작스럽게 휴가를 내서 일손을 구하기 어렵다는 하소연을 듣고 자원했다는 것이었다. 그 얘기에 가슴 깊은 곳에서 묵직한 무언가가 치고 올라왔다.

무엇이든 마음을 쓰는 일에 용기가 생겨나는 법이다. 마음을 쓰면 남들에게 보이지 않는 것이 보이기 때문이다. 그리고 그 용기는 저절로 퍼져나가 누군가의 용기가 되어 또 다른 기회를 만들어낼 것이다. 이것이 돈키호테가 더욱더 많아져 전국을 누비길 소망하는 이유다.

4장

농업을 위한

한 걸음 더

농촌은 농업인뿐 아니라 우리 모두에게

영원한 삶의 터전이다.

그리고 우리의 역사이자 문화다.

그것을 잃는 순간 우리 역시 모든 것을 잃게 된다.

그래서 우리에겐 농촌을 지키고,

그 농촌을 지키고 있는

농업인을 지켜내야 할 사명이 있다.

농촌과 농업인을 지키는 일은

곧 우리 모두를 지키는 일이다.

농업인을 지키는 일이
곧 우리를 지키는 일이다

시애틀은 미국 워싱턴주에 위치한 태평양 북서부 최대 도시다. 1854년, 미국의 제14대 대통령 프랭클린 피어스는 인디언 부족에게 이 땅을 팔라고 제안한다. 그곳에서 조상 대대로 살아온 인디언들은 크게 반발했지만 무력의 차이를 인정할 수밖에 없었다. 결국 추장 시애틀은 자신의 부족을 지키기 위해 어쩔 수 없이 제안을 받아들이면서, 미국 대표단에게 다음과 같은 연설문을 남겼다. 그 내용에 감동한 피어스 대통령이 추장의 이름을 지역명으로 정했다고 한다.

그대들은 어찌하여 저 하늘이나 대지의 온기를 사고팔 수
있는가?
신선한 공기와 재잘거리는 시냇물을 우리가 어떻게 소유
할 수 있으며, 또한 소유하지도 않은 것을 어떻게 사고팔 수
있단 말인가?

대지는 인간에게 속하는 것이 아니라 인간이 대지에 속하
는 것임을 우리는 알고 있다.
인간은 생명의 거미줄을 짜는 것이 아니라
다만 그 거미줄의 한 가닥에 불과하다.
생명의 거미줄에 가하는 행동은 반드시 그 자신에게 돌아
온다.

우리가 이 땅을 팔더라도 우리가 사랑했듯이 이 땅을 사랑
해달라.
우리가 돌본 것처럼 이 땅을 돌봐달라.
당신들이 이 땅을 차지하게 될 때
이 땅의 기억을 지금처럼 마음속에 간직해달라.
온 힘을 다해서, 온 마음을 다해서
당신들의 아이를 위해 이 땅을 지키고 사랑해달라.

– 〈시애틀 추장의 연설문〉 중에서

시애틀 추장의 부족에 대한 연민과 자연을 향한 사랑이 고스란히 느껴진다. 인디언은 세상의 모든 것에 영혼이 깃들어 있다고 믿었고 자신들만의 삶의 원칙을 지켜왔다. 그들은 인간이 자연의 일부라고 생각하며 자연과 하나 된 삶을 살았다. 위대한 자연을 파괴하는 것은 신에 대한 도전이며, 대지는 돈으로 환산할 수 없는 고귀함 자체였다.

자연과 인간이 공존하는 세상을 만들고자 했던 인디언 추장의 이야기에서 문득 농부의 삶이 떠오른다. 태양 볕에 붉게 익은 인디언의 얼굴 위로 우리나라 농부의 얼굴이 겹쳐진다. 척박한 땅을 일구어낸 인디언들의 거친 손에서 삶의 흔적이 고스란히 새겨진 농부의 갈라진 손이 연상된다. 그리고 조상으로부터 물려받은 삶의 터전을 떠나기 싫어했던 인디언들의 애절한 마음에서는 농촌을 지키고자 하는 농부의 절박한 마음이 느껴진다.

농부(農夫)의 '농'은 '노래 곡(曲)' 자와 '별 진(辰)' 자로 이뤄져 있다. 그러므로 농부는 '별을 노래하는 사람'이다. 우리 조상들은 하늘의 별을 보며 농사짓는 때와 이치를 알아차렸다. 하늘의 별자리를 누구보다 잘 알았고 하늘의 질서에 맞춰 살았다.

그래서 농부는 자연의 위대함을 안다. 곡식과 열매는 인간이 만드는 것이 아니라 햇빛과 흙과 바람이 만들어준다는 것을 알기에 결코 자만하지 않으며 겸손이 몸에 배어 있다. 농사의 속도는 인간의 힘이 아니라 자연의 섭리를 따르는 것이며 자연은 누구에게도 특별히 관대하지 않다는 것을 알기에 늘 흐름에 순응하며 살아간다. 그리고 자연이 주는 열매가 맺힐 때까지 정직하고 순박하며 성실한 자세로 참고 인내한다.

또한 농부는 땅의 소중함을 안다. 땅이 비옥해야 새 생명이 자랄 수 있다는 것을 알고 추운 겨울부터 부지런히 쟁기질을 하며 봄을 준비한다. 정성스레 일군 땅은 배신하지 않는다는 것을 알고 감사해한다. 땅속 깊이 씨앗을 심을 때 마음도 함께 심는다. 좋은 작물은 정직한 땀에서 나온다는 믿음으로 뜨거운 햇볕을 기꺼이 받아들이며, 결실이 보이지 않더라도 정성스럽게 물을 주고 김을 매고 거름을 준다. 그리고 땅에서 나고 땅으로 돌아가는 자연의 섭리를 알기에 땅에 뿌리를 내린다.

농부는 마음이 부자인 사람이다. 쌀 한 톨의 소중함을 알고, 땀 흘려 일하는 것의 가치를 안다. 심지 않고 거두려는 허황된 욕심을 품지 않고 수고한 만큼 얻는 땀의 대가를 알며, 콩 한 쪽도 나누는 넉넉한 인심으로 살아간다. 날짐승들도 한 가족이라 생각하여 까치밥을 남겨두고, 밭에 콩을 심을 때도 세 알을 심어 배려한다. 그리고 뜨거운 뙤약볕을 가려주는 나무 그늘과 잠시 불어오는 바람에도 고마워한다.

　인간의 욕망에 의해 인디언들은 영역을 침범당하고 끝내 황량한 사막으로 내몰렸다. 대대로 살아온 땅에서 쫓겨난 인디언은 땅만 잃은 게 아니라 자신들의 역사와 문화, 삶의 의미까지도 모두 잃고 말았다.

　농촌은 농업인뿐 아니라 우리 모두에게 영원한 삶의 터전이다. 그리고 우리의 역사이자 문화다. 그것을 잃는 순간 우리 역시 모든 것을 잃게 된다. 그래서 우리에겐 농촌을 지키고, 그 농촌을 지키고 있는 농업인을 지켜내야 할 사명이 있다. 농촌과 농업인을 지키는 일은 곧 우리 모두를 지키는 일이다.

밥은 행복이다

'밥'에는 크게 세 가지 속뜻이 담겨 있다.

첫째는 우선 밥 자체다. 쌀이나 보리 같은 곡식을 끓여 익힌 음식을 말한다.

둘째는 인사다. 삼시 세끼를 다 먹기 힘들었던 시절, "진지 드셨습니까?"는 "안녕하십니까?"와 같은 의미였다.

셋째는 역할과 몫을 의미한다. "밥값도 제대로 못 하면서"라고 할 때 이런 뜻으로 쓰인다.

이처럼 밥은 주식의 의미를 넘어 정서이자 문화로 확장되어 우리 일상에 녹아 있다.

하지만 바쁜 일상에서는 '밥의 의미'를 진지하게 생각해볼 겨를이 없다. 도산 안창호 선생의 강연을 듣고 윤동주 시인과 동문수학한 아흔여덟 살의 철학자 김형석 교수는 "(내 인생에서) 밥은 곧 행복이었다"라고 회고했다. 그는 밥이 어린 시절 예절을 배우고, 가족과 정을 나누며, 감사한 마음을 느끼는 데 소중한 매개체였다고 고백했다.

한국 음식 하면 뭐니 뭐니 해도 '김이 모락모락 나는 희고 기름진 쌀밥'을 떠올리게 된다. '왕후의 밥, 걸인의 찬'이란 표현처럼 흰 쌀밥만 있으면 김치 한 조각, 간장 한 종지만 있어도 맛있게 먹을 수 있다. 그래서 예로부터 밥을 먹고 생긴 힘을 '밥심'이라 했다. 농업을 위주로 했던 시대에 밥심은 곧 노동력이었으며, 풍요를 뜻하는 또 다른 단어였다.

그런데 어느 순간 우리 식생활에서 '주식은 곧 밥'이라는 등식이 통하지 않게 됐다. 소득 수준이 높아지면서 식생활이 풍요로워지고 식습관도 서구화됐으며, 이에 따라 쌀밥 대신 육류와 빵 등 다양한 음식이 식탁에 오르게 됐다. 그만큼 쌀 소비도 지속적으로 감소하고 있다. 한 끼 식사를 위해 식당을 고를 때도 밥이 아닌 반찬이 선택의 주요 기준이 된다. '밥 먹으러' 가는 게 아니라 '반찬 먹으러' 가는 셈이며 밥은 그다지 고려의 대상이 아니다. "그 집 설렁탕 정말 맛있어"라고 하지 "그 집 밥 정말 맛있어"라고 하는 경우는 드물지 않은가.

하지만 아무리 맛있는 반찬이라도 밥이 없으면 무슨 소용이랴. 밥만 먹을 수는 있어도 반찬만 먹을 수는 없다. 허영만 화백이 만화 〈식객〉에서 '밥상의 진정한 주인공은 밥'이라고 강조한 것도 아마 그래서일 것이다.

그런데 요즘엔 흰 쌀밥이 건강에 좋지 않다며 쌀을 비만과 당뇨의 주범으로 취급하기도 한다. 수많은 매체에서 사실이 아니라고 밝혀도 '쌀은 곧 비만'이라는 편견이 사람들 머릿속에 확고히 자리 잡은 듯하다. 심지어 젊은 세대 사이에는 다이어트를 위해 탄수화물 섭취를 줄여야 한다며 아예 밥을 먹지 않는 기현상까지 벌어지고 있다.

2017년 국민 1인당 연간 쌀 소비량은 61.8킬로그램으로, 30년 전인 1986년 127.7킬로그램과 비교하면 절반 수준에 불과하다. 국민 한 사람의 하루 평균 쌀 소비량이 169.3그램이니, 밥한 공기에 들어가는 쌀이 100~120그램인 점을 고려하면 하루에 밥 두 공기를 채 먹지 않는 셈이다.

20킬로그램짜리 쌀 한 포대가 5만 원이라고 하면, 밥 한 공기의 가격은 대략 250원이다. 커피 한 잔, 껌 한 통보다 싸다. 쌀

한 되로 소고기 600그램을 살 수 있었던 시절과 비교하면 격세지감이 느껴진다.

쌀값이 오를 때마다 일부 언론에서는 쌀값이 물가 상승의 주범인 것처럼 보도하곤 한다. 주위에서 "쌀값이 왜 이렇게 비싸지?", "쌀값이 너무 올랐네!"라는 말을 들을 때마다 쌀이 제대로 평가받지 못하는 현실이 안타깝기만 하다. 매년 오르는 물가와 생산비를 고려하면 "쌀농사는 지을수록 손해다"라는 말까지 나올 정도로 쌀 농가의 소득은 줄어들고 있다.

쌀은 누가 뭐래도 농가의 주된 소득원이다. 쌀 생산 농가가 전체 농가의 42퍼센트에 이르고, 2016년 기준 농업소득에서 '쌀 소득'이 차지하는 비중은 25.3퍼센트나 됐다. 농민들에게 쌀은 한 해 동안 쏟아부은 노력에 대한 보상이다. 수많은 직장인이 노력에 따른 정당한 임금을 요구하는 것과 전혀 다르지 않다. 오히려 농부들이 한 톨의 쌀을 얻기 위해 기울인 모든 노력을 단지 가격으로 보상할 수밖에 없다는 점이 안쓰러울 따름이다. 홍순관 시인의 표현처럼 쌀 한 톨의 무게는 생명의 무게, 우주의 무게이기 때문이다.

1인 가구가 증가하고 식생활이 서구화되는 현실에서 쌀 소비를 획기적으로 늘리기는 어렵다. 또 밥만으로는 쌀의 소비가 충분하지도 않다. 그러므로 발상의 전환이 필요하다. 쌀을 활용해 고부가가치 산업을 창출하여, 한 끼를 먹더라도 영양과 건강을 생각하는 소비자들에게 밥이 곧 영양이고 건강이라는 인식을 심어주어야 한다. 또한 우리 모두의 고향이자 가족이며 사람과 사람을 잇는 따뜻한 정으로서 쌀의 의미를 되살려야한다. 밥심으로 오늘을 살아가는 우리에게 쌀 한 톨의 의미는 결코 가볍지 않다.

식량이 무기가
되는 시대

소아과 의사 출신인 정치인 살바도르 아옌데가 칠레 대통령 선거에 출마했을 때, 그의 공약 중 하나가 '모든 어린이에게 하루 0.5리터의 분유를 무상으로 제공한다'는 것이었다. 당시 칠레는 높은 유아 사망률과 어린이 영양실조가 심각한 사회문제였다. 국민들의 지지 속에 대통령으로 선택된 아옌데는 공약대로 분유를 무상으로 제공하고자 했다.

그런데 이를 못마땅하게 여기는 상대가 있었으니, 바로 다국적 기업인 네슬레였다. 당시 네슬레는 칠레의 분유 시장을 독점하고 목축업자와 판매망까지 모두 장악하고 있었다. 칠레의 분위기가 나머지 중남미 국가로 확산될 것을 우려한 네슬레는 아옌데 정부의 우유 공급 요청에 협조하지 않았다. 미국 역시 칠레의 사회주의 개혁 정책이 성공할 경우 자국의 이익이 침해당할까 싶어 아옌데 정부를 괴롭혔다. 결국 아옌데의 공약은 물거품이 되었고, 피노체트 군부의 쿠데타로 아옌데는 대통령궁에서 목숨을 잃고 말았다.

국민을 굶주림과 가난에서 구하고자 했던 아옌데의 꿈은 이렇게 비극으로 끝났다. 거대 자본과 정치 논리의 힘 때문에 수만 명의 칠레 어린이는 또다시 영양실조와 굶주림에 내몰려야 했다.

세계 곡물 시장에서 대형 기업들의 영향력은 가히 절대적이다. 이미 카길, ADM, 벙기 등 4~5개 주류 곡물 회사가 세계 곡물 시장의 약 80퍼센트를 장악하고 있다. 그들은 막강한 자금력과 정치력으로 개별 국가의 농업·식량 정책에 개입하면서 자신들의 이익에 도움이 되지 않는 정책이나 제도의 도입을 집요하게 방해한다.

캐나다의 농업 분석가인 브루스터 닌(Brewster Kneen)은 저서 《누가 우리의 밥상을 지배하는가》를 통해 세계 최고의 곡물 기업인 카길이 어떻게 한 나라의 농업을 무너뜨렸고, 이 과정에서 현지 농업인들이 어떤 고통을 겪었으며, 자연은 또 어떻게 파괴되었는지를 상세히 설명한다. 나아가 그는 국가가 식량 주권을 상실했을 때 얼마나 무서운 결과를 초래하는지도 준엄하게 경고한다.

미국이나 중남미 지역의 가뭄으로 옥수수 생산량이 크게 감소할 거라는 뉴스를 종종 접한다. 대부분의 시청자는 대수롭지 않게 지나치지만 치킨집 사장님들은 고민이 깊어질 수밖에 없다. 몇 개월 뒤에 식용유 가격이 오르리라는 사실을 알기 때문이다. 옥수수는 식용유의 주원료이고, 식용유는 닭을 튀기는 데 없어서는 안 되는 재료다. 옥수수는 현재 국내 생산량으로는 수요를 감당할 수 없기에 대형 곡물 기업 등을 통해 수입해야만 한다.

통계 자료에 따르면 2013년부터 2015년까지 3년간 우리나라의 곡물 자급률은 평균 23.8퍼센트에 불과했다. 쌀을 제외하고, 국내에서 소비되는 농산물의 75퍼센트 이상을 외국의 대형 곡물 기업에 의존하고 있다. 반면 농업 선진국인 호주의 곡물 자급률은 275.7퍼센트로 가장 높으며 이어 캐나다 195.5퍼센트, 미국 125.2퍼센트 순으로 모두 100퍼센트를 넘는다. 한마디로, 우리나라는 비록 경제는 선진국이지만 식량 문제에서는 후진국인 셈이다. 만에 하나 기상이변, 무역전쟁 등 예상 밖의 상황이 발생하면 식량은 언제든지 무기로 바뀔 수 있다.

그 대표적인 사례를 영국에서 찾아볼 수 있다. 영국은 자유무역의 확대 등을 위해 1846년에 곡물법(Corn Law)을 폐지했다. 곡물법은 외국의 값싼 곡물로부터 자국 곡물 생산자를 보호하기 위해 수입 곡물에 관세를 부과하는 법이었다. 곡물법을 폐지하고 외국의 농산물이 밀려들자 영국의 밀 자급률은 한때 19퍼센트까지 떨어졌다. 그뿐만이 아니라 제2차 세계대전 중 독일의 해상 봉쇄로 식량 수입이 막히자 영국은 극심한 식량난을 겪게 됐다. 즉, 식량이 무기로 바뀐 것이다.

그토록 값비싼 대가를 치르고 나서야 영국은 농업의 중요성을 깨닫고 농업에 대한 투자를 확대해나갔다. 그래서 현재는 곡물 자급률 90퍼센트에 가까운 식량 수출국으로 변모했다.

지구 온난화가 가속화되면서 전 세계적으로 이상 기후가 빈번하게 나타나고 있다. 홍수, 가뭄 등 기상이변이 계절을 가리지 않고 반복되면서 사막화가 확산돼 곡물 생산 기반인 경지면적이 갈수록 줄어들고 있다. 생산량이 들쭉날쭉 불안정해지면서 곡물 시장의 변동성도 점점 커지고 있다.

식량 위기가 이토록 심각한 지경인데도 우리는 남의 집 불구경하듯 여전히 느긋하기만 하다. 지금은 외국 농산물을 저렴하고 쉽게 구할 수 있으니 무엇이 문제냐고 생각할지 모르지만, 기상이변으로 국제 곡물 가격이 급등하면 먹거리에 대한 고민을 할 수밖에 없다. 과거 몇 차례의 경험처럼, 농산물 수출국들이 자국의 식량 안보를 위해 수출을 중단한다면 돈이 있어도 식량을 구하지 못하는 상황이 올 수도 있다.

중국 춘추시대 때 정나라가 초나라와 연합하여 송나라를 공격하자, 진나라 왕 도공이 주변 11개국 제후와 동맹을 맺고 정나라를 공격했다. 정나라는 항복의 표시로 많은 예물과 병기를 진나라에 바쳤다. 도공은 전쟁에서 크게 공을 세운 충신 위강을 치하하며 많은 상품을 하사했다. 하지만 위강은 이를 정중히 사양하면서 "편안할 때 위태로움을 생각해야 하고, 그렇게 생각한다면 준비를 해야 하고, 준비가 있으면 근심이 없습니다"라고 충언한다. 이것이 거안사위(居安思危)라는 사자성어의 유래다.

식량 위기의 파고는 점점 높아지고 있고, 언제 갑자기 쓰나미로 돌변해 들이닥칠지 아무도 모른다. 편안할 때 미래에 닥칠 수 있는 위험과 곤란을 미리 생각해 대비하는 거안사위의 자세가 모두에게 필요하다.

헌법 위에 새겨질
농업의 가치

1991년 우리 농업계는 그야말로 몸살을 앓았다. 우루과이 라운드(UR) 협상 이후 전국의 농업인들이 쌀 시장 반대를 촉구하는 성명서를 내고 서울 시내 거리 곳곳을 가득 메웠다. 쌀 시장이 개방되면 당장 식량 주권을 잃을 수 있다는 위기감에 국민들도 적극적으로 호응했다. 그 결과 42일 만에 무려 1,307만 명이 쌀 시장 개방 반대에 서명했으며, 이 사실이 기네스북에 오르기도 했다.

하지만 정작 농산물 시장이 개방되자 우리 농업은 천덕꾸러기로 전락하고 말았다. 밑 빠진 독에 물 붓기나 다름없는 농업을 언제까지 보호만 할 거냐는 비판도 쏟아져 나왔다. 농업이 이렇게 찬밥 취급을 받게 된 데에는 국가가 수출 주도 정책을 추진하면서 농업이 국가 경제 기여도가 낮은 산업으로 인식된 영향이 컸다. 또 국민들 사이에는 농촌이 도시 생활에 비해 불편하고 비위생적이며, 농업이 저소득 업종이라는 인식이 확산돼 더더욱 외면받기에 이르렀다.

그러다 2018년, 농업의 가치를 헌법에 반영하기 위한 범국민 서명운동이 일어나면서 농업은 다시 한번 전 국민의 관심사로 떠올랐다. 찬바람에 발길을 재촉하던 수많은 시민이 먼저 다가와 기꺼이 펜을 잡았다. 수많은 국민이 우리 농업의 가치를 헌법에 반영하자는 의견에 공감을 표했고, 운동을 시작한 지 한 달 만에 서명자 수 1,000만 명을 돌파했다.

서명운동이 전국적으로 들불처럼 퍼져나갈 수 있었던 것은 단순히 농업을 도와야 한다는 동정론을 넘어 '농업을 살리는 것이 국민 모두에게 좋다'는 인식의 변화가 있었기 때문이다. 한국갤럽의 여론조사에서 응답자의 81.8퍼센트가 농업·농촌의 공익적 기능에 공감한다고 답했으며, 이를 헌법에 반영해야 한다는 데 74.5퍼센트가 찬성했다. 그만큼 국민적 공감대가 폭넓게 형성됐다는 방증이다. 특히 농업·농촌에 대한 이해가 부족하다고 여겼던 젊은 세대에게 식량 안보, 환경·생태 보전, 전통 문화와 농촌 경관 유지 등 농업이 보유한 공익적 기능에 대한 공감대를 얻어냈다는 점에서 의의가 크다고 할 수 있다.

현행 헌법은 개정된 지 30년이 넘었다. 따라서 헌법 내 농업·농촌 관련 조항이 오늘날의 상황을 제대로 반영한다고 보기 어렵다. 국가 최상위 법인 헌법이 어떤 방향성을 가지느냐에 따라 농정 방향과 농업·농촌의 미래가 달라질 수 있음을 고려할 때, 결코 가벼이 여길 문제가 아니다. 농업의 공익적 가치를 높이는 일은 단지 농업인만을 위한 것이 아니라 국가와 국민 모두를 위한 것이며, 이를 보호·육성하는 것은 국가의 당연한 의무다.

이미 선진국들은 농업의 지속 가능한 발전과 함께 국민의 삶의 질 향상을 위해 농업의 공익적 가치를 법으로 수용하고 있다. EU는 공동농업정책(CAP)을 중심으로 농업·농촌의 공익적 기능에 관한 주요 정책을 수행하고 있고, 스위스는 1996년 국민투표를 실시해 농업 가치를 헌법에 담아 국가의 의무로 명시했다.

스위스가 농업 가치를 헌법에 반영하는 과정에서 시행착오도 있었다. 1995년 주로 농민단체들이 중심이 되어 법안을 발의하면서 이를 소수 의견으로 여긴 다수에 의해 부결이 됐다. 정부는 한 차례 실패를 겪고 나서 방향성을 달리했다. '중소농 보호연합'을 중심으로 '농민·소비자 연대'를 결성하여 국민들과 활발히 소통하면서 농업 가치에 대한 공감대를 형성하는 데 집중했다. 그 공감대를 기반으로 마침내 농업 가치가 헌법에 담길 수 있었다.

선진국들의 사례를 거울삼아 시작한 농업 가치 헌법 반영 운동은 농민단체를 비롯한 농업계와 학계가 중심이 되어 진행됐다. '농업 가치 헌법 반영 범농업계 추진연대'를 출범하고, '농업 가치 헌법 반영 범국민 공감대회'를 개최하여 국민적 지지를 호소했다. 이런 노력으로 농업의 공익적 기능이 개헌안에 포함될 수 있었다. 비록 개헌안이 국회의 문턱을 넘어서지는 못했지만, 머지않은 장래에 농업의 가치가 대한민국 헌법에 또렷이 각인될 것으로 확신한다.

이 과정에서 보여준 국민들의 전폭적인 지지와 성원을 어떻게 유지해나갈지에 대해 농업계 모든 사람이 한마음으로 고민해야 할 때다. 국민의 마음속에 언제나 아름다운 고향의 이미지로 남아 있는 우리 농촌을 더 아름답게 가꾸고 보살피는 일 또한 우리의 몫이다. 아울러 농촌의 복지와 문화, 의료 등 농업인들의 삶의 질을 높이는 일에 기업들이 동참하도록 이끌어야 하며 젊은 세대가 농촌에서 기회를 찾을 수 있도록 농업의 가능성을 꾸준히 알려나가야 한다. 농업 가치 헌법 반영은 우리의 사명이다. 5,000만 국민이 농업 가치를 공감하는 그날까지 우리의 노력은 계속되어야 한다.

민족의 생명이
깃든 종자

제2차 세계대전이 절정으로 치닫던 무렵, 강력해진 독일이 레닌그라드를 침공했다. 당시 러시아 바빌로프식물산업연구소에서 식물 종자를 연구하던 12명의 과학자는 독일군을 피해 차가운 지하실에 숨어 있었다. 목숨을 지키기 위해서가 아니라 남은 종자와 씨감자를 지켜내기 위해서였다. 혹독한 추위와 굶주림으로 12명 중 9명이 죽어 나가는 상황에서도 씨앗에는 절대 손을 대지 않았다. 아무것도 먹지 못해 손발조차 움직이기 힘들었지만 종자만큼은 끝내 지켜냈다. 생존자 중 1명은 훗날 종자를 먹지 않고 버틴 이유에 대해 이렇게 말했다.

"상상도 할 수 없는 일입니다. 왜냐하면 그 종자에는 내 삶의 이유, 우리 민족의 생명이 들어 있기 때문입니다."

미국의 저널리스트 켈시 티머먼(Kelsey Timmerman)이 《식탁 위의 세상》에서 소개한 내용이다.

인류는 수천 년 전부터 종자에 의존하여 농업을 이어왔다. 대를 이어 흘린 땀과 노력의 결정체인 종자는 한 개인이 소유권을 주장할 수 없는 인류 공동의 자원이었다. 우리 선조들 역시 가을 수확기가 되면 가장 좋은 종자를 골라 창고에 저장해두었다가 이듬해 봄이 되면 그 종자로 한 해 농사를 준비했다. '농부아사(農夫餓死) 침궐종자(枕厥種子)'란 말에 그 애절한 마음이 고스란히 담겨 있다. 농부는 굶어 죽더라도 이듬해 뿌릴 씨앗을 남겨 머리에 베고 죽는다는 뜻이다. 그만큼 씨앗을 목숨처럼 지켜온 농부들 덕분에 우리의 삶과 역사가 이어져 올 수 있었다.

그러나 지금은 돈으로 씨앗을 사고파는 시대가 되어버렸다. 종자를 공급하는 주체가 농업인에서 종자 기업으로 바뀌었기 때문이다. 목숨처럼 지키고 보존하며 소중히 대물림해왔던 종자가 어느새 이윤 추구를 위한 상품으로 전락하고 만 것이다.

한국의 매운맛을 상징하는 청양고추만 해도 그렇다. 청양고추는 원래 국산 고추와 태국산 고추를 교배하여 개발한 품종이다. 하지만 이 청양고추를 먹을 때마다 외국 기업에 로열티를 지불해야 한다는 사실을 아는 사람은 많지 않을 것이다. 1990년대 후반 외환 위기를 겪는 과정에서 국내 대부분 종자 회사가 몬샌토 등 다국적 기업에 팔렸고, 그때 청양고추 종자의 소유권도 함께 넘어가고 말았다.

콩은 또 어떤가. 예로부터 만주와 한반도가 주 원산지였던 콩은 18세기에 서양에 전파됐다. 콩의 가치를 알아차린 미국은 일찌감치 한국 등 동아시아 지역으로 '동양 농업 탐험 원정대'를 파견했다. 당시 기록에 따르면 원정대가 수집해 간 콩은 무려 4,471점에 달했고, 그중 3,379점이 우리나라 콩이었다. 우리나라에서 그토록 다양한 콩이 재배되고 있었다는 사실은 물론, 그것이 그토록 중요한 것인지도 우리는 알지 못했던 것이다.

미국은 그렇게 수집한 종자를 깊이 연구하여 우수한 품종으로 발전시켜 오늘날 세계 1위의 콩 수출국이 됐다. 그리고 콩 종자의 원조국이나 다름없던 우리나라의 식용 콩 자급률은 약 25퍼센트 수준에 불과하며, 이제는 거꾸로 미국에서 수입해야만 하는 형편이 됐다.

우리가 먹는 농산물 식재료의 국산 종자 비율은 얼마나 될까? 놀랍게도 농산물의 절반가량이 수입 종자로 재배된다. IT 제품과 도서, 음악 등에만 특허권이나 저작권이 있는 게 아니다. 종자의 작물을 생산, 판매할 때도 종자 소유권을 가진 기업에 특허 사용료인 로열티를 지불해야 한다. 국제식물신품종보호동맹(UPOV) 조약에 따라 종자에 대한 특허권이 전 작물로 확대 적용됐기 때문이다. 이제 외국의 거대 농업 기업들은 유전자 조작을 통해 획득한 특허를 가지고 종자에 대한 독점적 권리를 행사할 수 있게 됐다. 정부 자료 등에 따르면 다국적 기업에 지불하는 농작물 로열티가 한 해 평균 150억여 원에 이른다고 한다. 예전 같으면 우리 농업인들이 거뒀어야 할 수익이 거대 자본을 앞세운 종자 기업으로 빠져나가고 있는 것이다.

한 알의 씨앗이 세계를 바꾼다는 말은 이제 눈앞의 현실이 됐다. 파프리카 작은 씨앗 1그램이 12만 원을 호가한다. 금 한 돈의 무게인 3.75그램으로 환산하면 무려 45만 원에 이른다. 금 한 돈의 시세가 18만 원 정도이니 금보다도 2.5배나 비싸다는 얘기다. 어느새 종자가 금보다 귀한 시대가 된 것이다. 하지만 우리는 아직도 종자보다 금을 더 가치 있게 여긴다.

이와 반대로 선진국들은 '농업의 반도체'라 불리는 종자 산업을 고부가가치 산업으로 인식하고 종자와 관련된 각종 문제를 적극적으로 대비하고 있다. 인구의 증가, 기후 변화 등으로 식량에 대한 중요성이 커졌고 이를 선점하기 위한 '종자 전쟁'이 시작된 것이다. 하루빨리 이 흐름에 동참하지 않는다면 지금 식탁에 오르는 흔한 농산물들을 비싼 로열티 때문에 먹고 싶어도 먹지 못하는 날이 올 수도 있다. 그러므로 종자 문제는 농업계뿐만 아니라 정부와 재계, 국민 모두가 함께 대응해나가야만 한다. 죽음 앞에서도 씨앗만은 지켜냈던 선조들의 마음을 기억하자.

행복으로의 초대,
농촌

'소확행'이라는 말이 요즘 소비 트렌드를 대변하는 용어로
떠오르고 있다. 이 단어가 처음 등장한 것은 무라카미 하루키의
수필집《랑겔한스섬의 오후》에서다.

'서랍 안에 반듯하게 개켜 돌돌 만 깨끗한 팬츠가 잔뜩 쌓여
있다는 것은 인생에서 작지만 확실한 행복의 하나가 아닐까…'

반복되는 일상 속에서 자기만 느끼는 사소하면서도 확실한
행복감이 곧 소확행인 것이다. 하지만 우리 사회의 소확행은 무
라카미 하루키가 생각했던 것과 비슷하면서도 다르다. 굳이 비
교해서 설명해보자면 우리의 소확행은 '힘든 삶 속에서 지칠 대

로 지친 하루, 기분 좋은 일은 하나도 없지만, 그 속에서 힘겹게 행복감을 끌어내는 힘'이라는 표현이 더 가깝다고 할 수 있다.

　행복은 인류가 스스로 출제해놓고 지금까지 풀지 못하고 있는 난제다. 이전까지 행복이라고 하면 커다란 성취나 성공, 풍요로움, 안정적인 생활을 떠올렸지만 지금은 그 개념이 많이 달라졌다. 사람들은 추상적인 행복보다는 작고 구체적인 행복을, 미래의 '언젠가'보다는 지금 '이 순간'을, '큰 행복'보다는 '잦은 행복'을 찾기 시작했다. 즉 거창한 것이 아니라 일상에서 누릴 수 있는 작지만 확실한 행복을 더 중시하게 된 것이다. 이는 미래의 행복을 위해 현재의 행복을 희생하지 않겠다는 의지의 표현이기도 하다.

　소확행의 확산은 사회 곳곳에 영향을 미치고 있다. 여가 활동 중에서 국민 71.5퍼센트가 선호하는 여행 트렌드만 봐도 알 수 있다. 유명 관광지에 가서 사진만 찍고 이동하는 과시형 패키지 여행에서 벗어나 자기만의 가치를 중시하면서 개인 또는 가족 단위의 체험과 휴식을 중심으로 하는 여가로 변모해가고 있다. 지역의 명물 거리, 마을, 시장 등 일상의 생활 공간에서 소소한 경험을 중시하는 가치 지향적인 여행 소비가 늘고 있는 것이다.

이런 트렌드 속에서 새롭게 주목받고 있는 것이 바로 농촌이
다. 사람들은 지친 삶을 위로받고 싶을 때, '그곳이 차마 꿈엔들
잊힐리야'라고 노래했던 시인 정지용의 〈향수〉처럼 한가로운
농촌 풍경을 먼저 떠올린다. 심지어 도시에서 태어나 도시에서
자란 사람들도 '고향' 하면 왠지 소 울음소리 들리는 넓은 벌판
과 이슬 맺힌 풀숲이 떠오른다고 한다. 사람들에게 농촌은 고향
이며 안식처라는 인식이 여전히 남아 있다.

아쉬운 것은 고향에 대한 마음도 시간이 흐름과 함께 변하리
라는 것이다. 더군다나 농촌이 아닌 도시에서 태어난 사람들에
게는 고향이라는 의미가 점점 퇴색할 수밖에 없을 것이다. 그러
므로 농촌의 아름다움을 끊임없이 알리고, 도시민들도 간절하
게 여길 수 있도록 소중한 농업유산을 잘 보존해나가야 한다.

우리나라에는 잘 알려져 있지 않은 아름다운 농업유산이 곳
곳에 숨어 있다. 전라남도 완도에서 뱃길로 50분을 가면 청산도
가 나온다. 산, 바다, 하늘이 모두 푸르러 청산(靑山)이라 불리는
작은 섬이다. 한국영화 최초로 100만 관객을 동원한 영화 〈서
편제〉의 배경이 된 곳이기도 하다. 그렇다고 청산도에 아름다운
풍경만 있는 건 아니다. 그곳엔 국내 최초로 세계중요농업유산
시스템(GIAHS)으로 지정된 '구들장논'이 있다. 유엔 식량농업기

구(FAO)가 지정하는 세계중요농업유산시스템은 인류의 생존과 번영 그리고 자연과의 공존을 위해 반드시 보존해야 할 농업 시스템과 농촌 경관을 그 대상으로 한다. 현재 아시아, 유럽 등 전 세계 20여 개국의 50개 지역이 세계중요농업유산시스템으로 지정됐는데, 우리나라에는 청산도의 구들장논을 비롯하여 제주 밭담, 하동 전통차 농업 등 세 가지가 포함됐다.

청산도는 경사가 심하고 돌이 많아 농사짓기에 매우 불리한 조건이다. 그런데 이곳의 선조들은 우리의 전통 난방 방식인 온돌 구들장의 원리를 논바닥에 응용함으로써 열악한 자연조건을 슬기롭게 극복했다. 온돌로 기초를 쌓고 그 위에 흙을 다져 논을 만든 것이다. 가장자리에는 정방형 통수로까지 만들어 물의 용·배수를 쉽게 조절할 수 있도록 되어 있다. 구들장논에는 자연과의 조화를 이뤄온 선조들의 지혜가 고스란히 담겨 있다.

검은 현무암으로 쌓은 제주 밭담은 무려 2만 2,100킬로미터에 이르는 길이로 지구 둘레의 절반이 넘는다. 그 모습이 마치 흑룡을 닮아 '흑룡만리(黑龍萬里)'라고도 불리는데, 바람이 많은 제주에서 작물을 보호하고 가축들의 농경지 침입을 막기 위해 고려 시대 때부터 만들어진 것으로 추정되고 있다.

경남 하동은 해발 1,915미터가 넘는 지리산으로 둘러싸여 있으며 남쪽으로 섬진강과 화개천이 만나 흐르는 천혜의 고장이다. 우리나라 차 시배지로도 잘 알려져 있다. 이곳의 전통차 농업은 산이 많고 평지가 적은 불리한 자연환경 속에서 1,200년간 지켜온 전통적 농업 시스템이다.

　농업유산을 보유하고 있는 농촌은 이제 지역을 대표하는 랜드마크로서 농촌을 찾지 않던 사람들에게 색다른 스토리텔링을 제공하고 있다. 살아 숨 쉬는 자연과 시시각각 변하는 아름다운 풍경이 있다는 점이 다른 랜드마크들과의 차별점이다. 무엇보다 농촌에는 사람과 자연이 조화롭게 공존해온 흔적들이 남아 있다. 아무도 찾지 않던 한적한 시골, 그리운 농촌을 찾아가 아이들과 함께 손을 잡고 논길을 걷는 사람들이 늘어가는 요즘 '자랑하고 싶은 사진'보다 '간직하고 싶은 사진'을 남길 수 있는 여행이 바로 농촌 여행이 아닐까 싶다.

　아름다운 고향의 숨결을 느끼며 소확행을 누리고 싶어 하는 이들이 가벼운 배낭을 메고 홀가분한 마음으로 농촌을 찾을 수 있도록 농촌 환경과 자랑스러운 농업유산을 지켜나가야 한다. 그곳에서 많은 사람이 고향에 대한 새로운 의미와 잊지 못할 추억을 만들 수 있을 것이다.

진정한 경쟁은
협력에서 나온다

최근 4차 산업혁명의 열풍과 함께 플랫폼이라는 단어가 빈번히 쓰이고 있다. 이제는 플랫폼에 들어가느냐 마느냐, 들어간다면 어떤 플랫폼이냐가 기업과 구성원의 생존을 결정하는 세상이 됐다. '개미 떼가 용도 잡는다'라는 속담도 있듯이, 인간은 협업을 해야 한다. 플랫폼 또한 협업을 기반으로 한다. 이제 더는 혼자서 모든 것을 할 수 있는 시대가 아니며 그래서도 안 된다.

과거 포드자동차는 분업에 기초한 컨베이어 시스템으로 전 세계 시장을 석권했다. 마치 기계의 부품처럼 자기 몫의 일을 처리하여 컨베이어에 실어 보내던 산업화 시대에는 나누는 것만 잘

하면 일이 쉽게 됐다. 그러나 이제는 개인이든 기업이든 분업을 넘어 협업을 통해서만이 더 큰 가치를 창출해낼 수 있다.

이런 협력과 상생의 논리를 담은 경제 용어가 바로 '사슴사냥 게임(stag hunt game)'이다. 사냥꾼 2명이 서로 협력하기로 하고 사슴 한 마리를 몰아 포위망을 점점 좁혀간다. 그런데 때마침 한 사냥꾼 앞으로 토끼 한 마리가 지나간다. 이를 본 사냥꾼은 사슴을 잡지 못해도 저 토끼 한 마리면 충분히 배를 채울 수 있다고 여긴다. 결국 그는 사슴 포위망을 이탈해 토끼를 쫓아가고, 그 틈을 타서 사슴은 도망쳐버린다.

사슴사냥 게임은 18세기 계몽주의 사상가 장 자크 루소(Jean-Jacques Rousseau)가 《인간 불평등 기원론》에서 처음 소개했다. 서로 협력해야만 더 큰 이익을 얻을 수 있음에도 자기 이익만 챙기려다 공동의 이익을 놓쳐버리는 개인의 이기적 성향을 꼬집는 개념이다. 협력과 상생의 중요성은 귀가 따가울 정도로 들어서 알고 있지만, 막상 눈앞에 작은 이익이 닥치면 누구도 쉽게 외면하지 못한다. 대립이 아닌 협력을 통해서만 서로의 이익을 극대화할 수 있는데도 정치, 경제, 사회, 문화 등 거의 모든 부문에서 우리는 눈앞의 토끼에 현혹되어 사슴을 놓치곤 한다.

드라마 〈응답하라 1988〉을 보면 담임 선생님이 꼴찌와 1등인 반장을 짝꿍으로 맺어준다. 예전에는 학습의 균형을 맞추기 위해 1등이 60등을 지도하고, 2등이 59등을 이끌도록 자리를 배치하는 일이 흔했다. 그런데 과연 이런 방식이 학생들에게 얼마나 도움이 됐을까? 결론적으로 말하면 그다지 효과가 없었다고 한다. 왜냐하면 1등과 60등은 학교에 온 이유가 다르기 때문이다. 그래서 많은 전문가는 오히려 관심사가 비슷한 사람들을 함께 모으는 것이 나을 수 있다고 조언한다. 공부를 좋아하는 아이는 공부를 잘하는 아이와 함께 앉게 하거나 성격이 비슷하고 관심 분야가 같은 친구들을 모아 여럿이 함께하는 과제를 준다면 큰 효과를 거둘 수 있다.

또한 협업은 수평적 관계일 때 시너지 효과가 더 크게 나타날 수 있다. 명령이나 지시는 분업의 시대에나 통용되던 방식이다. 물론 조직 내에서 상사와 부하가 상명하복의 관계가 아니고 서로 지원하는 관계라면 이 또한 협업이 될 수 있지만, 안타깝게도 그런 관계는 현실에서 찾아보기 어렵다. 각자의 특기와 성향까지를 고려한 조직 구성이라면 협업이 더할 나위 없는 도구가 될 수 있을 것이다.

1927년 10월, 벨기에의 브뤼셀에서 솔베이 학술회의가 열렸다. 이 학술회의에는 아인슈타인, 마리 퀴리, 보어, 슈뢰딩거 등과 같은 거물을 포함하여 전 세계 최고의 물리학자 29명이 참석했다. 그중에는 노벨상 수상자가 17명이나 되는데, 놀라운 것은 17명 중 대다수가 이 학술회의 이후에 노벨상을 받았다는 사실이다. 그러니까 이들이 노벨상을 받았기 때문에 초청받은 것이 아니라 이 학술회의 덕분에 노벨상을 받았다는 얘기다. 경쟁과 협력의 조화랄까, 과학자들의 개인적인 연구 업적들이 서로에게 보이지 않는 협력적인 작용을 함으로써 인류의 과학사가 눈부신 발전을 이룬 것이다.

경쟁이 효율적인 체제인 것은 분명하지만 진정한 경쟁은 협력을 전제로 한다. 특히 요즘은 혼자서는 도저히 무언가를 이루어낼 수 없는 시대다. 그런 이유 때문인지 노벨상 과학 분야에서도 2인 공동수상이 보편화되고 있다. 이제 협력이 전제되지 않은 경쟁은 그 효과가 지극히 개인적인 분야에 한정될 수밖에 없다.

세계적 컨설팅 기업인 부즈 앨런 앤드 해밀턴(Booz Allen & Hamilton)의 보고서에 따르면, 최근 10년간 전 세계적으로 기업 간 제휴가 매년 25퍼센트씩 증가했다. 바야흐로 경쟁의 시대이면서 초협력의 시대로 접어든 것이다. 나도 살고 너도 사는 방법으로 협력이라는 가치가 제안되고 있다.

90미터가 넘게 자라는 거대한 삼나무는 겪어온 지난 세월을 말해주듯 줄기 곳곳에 두툼한 상처를 지닌 채 다른 나무들을 굽어본다. 삼나무의 놀라운 생존력과 인내력은 바로 군락을 이루는 데서 비롯된다고 한다. 혼자 서 있는 삼나무는 쉽게 쓰러지지만, 뿌리가 서로 얽힌 삼나무들은 모진 폭풍도 거뜬히 견뎌낸다. 얽히고설켜 서로 먼저 뿌리를 내리려고 경쟁하면서 동시에 서로가 서로를 지탱해주기 때문이다.

사람도 혼자서는 살아갈 수 없다. 이 복잡한 사회에서 누군가와 연결되지 않는 일은 거의 없다고 해도 과언이 아니다. 서로 무언가를 해내려고 하는 의지가 서로를 지탱해주는 얽힘이 되어줄 것이다. 모진 바람에도 흔들리지 않게 하는 힘이 되어줄 것이다.

먹거리만큼은
안전이 우선이다

늦은 저녁 희미한 불빛 아래 모여 초라한 저녁을 먹고 있는 농부의 가족이 보인다. 힘든 농사일로 거칠어진 손과 깊게 팬 주름이 만져질 듯 생생하다. 빈센트 반 고흐의 그림 〈감자 먹는 사람들〉을 보고 있노라면 감자와 차를 나눠 먹으면서도 결코 시들지 않는 소박한 희망이 느껴진다. 고흐는 여동생에게 "이 그림이 내 그림들 가운데 가장 훌륭한 작품이 될 것이다"라며 자신의 역작으로 꼽기도 했다.

가난한 살림으로 힘겹게 보릿고개를 넘어야 했던 이들에게 감자는 굶주린 배를 채워주던 먹거리였다. 감자는 또 쌀, 밀, 옥수수에 이어 세계에서 네 번째로 많이 생산되는 곡물이기도 하다. 수천 년 전부터 중남미 페루 잉카인들의 식량으로 사용되던 감자가 유럽으로 전파된 것은 콜럼버스가 신대륙을 발견한 이후의 일이다.

감자를 처음 본 유럽 사람들은 악마의 식물이라 천대하며 가축 사료용이나 노예들의 먹거리로 사용했다. 그러나 유럽의 음산한 날씨에서도 잘 자라는 감자를 보며 점차 실용적인 작물로 인식하기 시작했다. 특히 18~19세기 급격한 인구 증가와 유럽 전역의 흉년 그리고 계속된 전쟁으로 인한 굶주림을 해결하는 데 감자가 결정적인 역할을 하면서 더욱 널리 퍼지게 됐다. 하지만 그때까지도 감자는 여전히 힘없는 빈민층이나 농민들만 먹는 음식으로 홀대받았다.

이런 감자가 역사의 한 페이지를 장식하게 되는 일대 사건이 있었다. 열악한 환경에서 살던 아일랜드 사람들은 1845년부터 7년간 발생한 대기근 때문에 더욱더 피폐한 삶을 살게 됐다. 당시 800만 명이었던 아일랜드 인구 중 125만 명이 사망했고, 100만여 명은 살아남기 위해 북미와 유럽 등으로 건너갔다. 인구의 무려 4분의 1이 줄어든 것이다. 아일랜드에 발생한 기록적인 대기근의 원인은 다름 아닌 감자였다. 감자 생산량을 높이기 위해 단일 품종으로 재배했기 때문에 급속히 퍼진 감자잎마름병에 속수무책으로 당할 수밖에 없었던 것이다.

시대가 흘러 농업 분야에도 시장경제 원리가 적용되면서 수익성과 효율성이 강조되고 있다. 그러다 보니 대규모 농경지에서는 한 가지 농작물만 심어 생산비를 절감하려 하고, 환경 문제 등에 대해서는 비료나 화학제품으로 손쉽게 해결하려 한다. 더 나아가 짧은 기간에 더 많은 농작물을 생산하기 위해 유전자 조작까지도 서슴지 않으며, 생명을 경시하는 공장식 축산은 어느덧 대세가 되어버렸다. 무엇이 옳은가보다 무엇이 더 효과적인가 하는 관점으로 접근하기 때문이다. 많은 사회학자가 경고하는 지구의 여섯 번째 멸종 위기도 이처럼 생명을 경시하는 풍조에서 비롯됐다.

이런 풍조가 낳은 심각한 현상들이 이미 하나둘씩 나타나고 있다. 바나나는 전 세계에 400여 종이 있는데 우리가 먹는 품종은 캐번디시 종이 유일하다. 이 바나나는 사람들이 좋아하는 단맛을 내기 위해 과일 안의 씨앗을 아예 없애버린 품종이다. 씨앗이 없기 때문에 정상적인 방법으로는 생식이 되지 않고 꺾꽂이 방식으로만 재배할 수 있다. 결국 전 세계 모든 바나나 나무는 유전적으로 같은 나무의 복제품이라고 해도 과언이 아니다.

그런데 1980년대 대만에서 바나나에 치명적인 전염병인 변종 파나나병(TR4)이 발생해 대만 바나나의 70퍼센트가량이 죽고 말았다. 지금도 이 병이 퍼져나가고 있지만 아직 백신이나 치료제가 개발되지 못하고 있어 자칫 멸종될 우려까지 있다.

원래 농업은 자연의 시간 속에서 이루어져 왔다. 햇빛과 물, 대지가 스스로 먹거리를 키워낸 것이다. 하지만 자본에 복종하고 산업의 시간이 지배하면서 농업 환경도 서서히 변해왔다. 오랜 세월 자연의 순리를 거스르면서까지 생산 증대만을 외쳐온 나머지 어느덧 자연의 정화 능력에도 한계가 나타나기 시작한 것이다. 먹거리를 잃은 인류의 모습은 생각만 해도 끔찍하다. 이제 먹거리만큼은 자연의 흐름을 되찾아갈 수 있도록 우리가 노력해야 하지 않을까.

자전거를 탈 때 '캐스터 효과'라는 것이 있다. 자전거가 옆으로 기울어지면 균형을 잡기 위해 앞바퀴가 그 방향으로 자연스럽게 꺾이는 현상을 말한다. 마치 손바닥에 막대를 세우고 막대가 쓰러지려 할 때 그쪽으로 손바닥을 움직이면 다시 똑바로 서는 것과 같은 원리다. 농업을 바라보는 시각도 마찬가지다. 수익성과 효율성을 앞세우기보다 안전하고 건강한 먹거리를 생산하겠다는 균형 잡힌 시각, 그리고 보다 다양한 품종과 먹거리를 보존하려는 노력이 절실하다. 사람의 건강도 회복하는 데 힘과 시간이 필요한 것처럼 자연 역시 스스로 회복할 수 있도록 배려하고 기다려주어야 한다. 그런 노력을 지속적으로 해나간다면, 변덕스러운 기후 환경에서도 미래 먹거리 문제는 우리에게 위협이 아닌 기회가 될 수 있을 것이다.

공정성, 생존을 위한
최소한의 안전판

초기 경제학에서는 경제주체인 인간이 스스로 완벽한 합리
성을 가진 존재라고 믿었다. 합리성을 전제로 하여 효용의 극대
화 또는 이윤 추구라는 가정을 하는 것만으로도 경제 현상을 설
명하는 데 부족함이 없다고 여겼다. 기업과 개인은 이익을 가장
효과적으로 달성하는 수단을 찾아 선택할 거라는 이론들도 그
런 믿음에서 나왔다.

그러나 이런 이론들은 곧 흔들리기 시작했다. 가장 핵심적인
이유는 경제를 개인의 집합체인 사회와 분리할 수 없기 때문이
다. 사회는 사람들 간의 상호작용을 전제로 한다. 이제 경제는

이익이라는 단순한 목표를 넘어 심리, 관계, 제도, 문화, 역사 등 나열하기 힘들 정도로 많은 요소들이 서로 영향을 주고받으며 움직이는 것으로 받아들여지고 있다. 최근 수십 년간 게임 이론이나 행동경제학에 관한 연구 업적들이 노벨 경제학상을 받은 이유도 여기에 있다.

2003년 〈네이처〉에 '원숭이들이 불평등한 보수를 거부하다(Monkeys reject unequal pay)'라는 제목의 논문이 실렸다. 이 논문의 저자인 네덜란드의 동물학자이자 영장류학자 프란스 드 발(Frans de Waal)은 카푸친 원숭이를 대상으로 한 실험을 통해 인간뿐만 아니라 동물 사회에서도 '공정성'이 얼마나 중요한 이슈인지 밝혀냈다.

먼저 카푸친 원숭이 두 마리에게 같은 과제를 수행하게 한 뒤 오이와 포도라는 보상을 주고 원숭이들이 어떻게 반응하는지 살펴봤다. 두 원숭이는 각각 다른 우리에 들어가 있지만 투명한 칸막이로 되어 있어 상대방의 보상이 무엇인지 볼 수 있었다.

두 마리 모두에게 오이를 보상으로 주었을 때는 아무런 문제가 없었다. 그러나 다른 한 마리에게 포도를 주기 시작하자 상황이 바뀌었다. 오이를 받은 원숭이가 오이를 던져 버리고 항의를 표시한 것이다. 이어지는 수차례 실험에서도 원숭이들의 행동은 일관되게 나타났다.

　오래된 경제학의 가르침대로라면, 비록 오이가 포도보다 맛은 없다 해도 같은 보상이라고 여길 수 있다. 또 버리는 것보다는 먹는 것이 더 이익이다. 낮은 보수라도 그것을 버리는 것보다 수용했을 때 얻는 이익이 분명 크기 때문이다. 하지만 원숭이들은 일관되게 비합리적인 선택을 했다.

　드 발은 실험을 통해 무리 생활을 하는 동물들이 진화 과정에서 경제적 이익에 앞서 공정성이라는 개념을 습득했을 것이라고 밝혔다. 부족한 먹잇감을 두고 다른 종과 경쟁하면서 함께 사냥하는 전략이 필요했고, 외부로부터 나를 지키기 위해서도 협동은 필수적이었기 때문이다. 협동을 통해 상대를 나와 동등한 자격으로 대하고 무임승차자를 끊임없이 골라내면서 공정성이라는 개념이 형성됐다.

　공정성은 개인과 사회의 생존 확률을 높이기 위해 장착된 최소한의 안전판인 셈이다. 그러므로 공정성이 담보되지 않는 한 어떤 체제나 제도도 안정성이 보장될 수 없다. 이것은 친구 관계에서부터 기업 경영, 나아가 국제 질서에도 해당하는 얘기다.

　요즘 우리 사회는 세대, 계층, 성별 등으로 나뉘어 서로를 향한 분노와 혐오의 말들을 쏟아내고 있다. 그 깊은 내면에는 불공정에 대한 불만이 똬리를 틀고 있다. 경제 성장의 한계로 경쟁이 더욱 치열해지고 양극화가 심화되면서 우리 사회가 공정하지 않다고 여기는 사람이 많아진 것이다. 그래서 국가대표 선발 과정의 불공정 문제가 불거졌을 때도 많은 국민이 분노했으며, 그렇게 선발된 선수들이 승리라는 결과를 얻어냈음에도 국민적 공분을 잠재우지 못했다.

조직이든 사회든 공정성에 대한 믿음이 무너지면 발전을 기대하기 어렵다. 공정하지 못하다는 인식이 팽배하다면 어느 누가 자발적으로 협력하겠는가. 기울어진 운동장이나 승패가 이미 결정된 경기에서 뛰고 싶어 하는 선수는 아마 없을 것이다. 설령 경기에 참여한다 해도 최선을 다하기보다는 경기가 빨리 끝나기만 바라거나 '한 방'을 노리는 전략이 유효하다고 여기게 된다. 가상화폐 투자의 위험성을 알리고 규제하려는 정부 정책에 청년들이 반기를 든 이유도 근본적으로 여기에서 찾을 수 있다. 공정하지 않다고 여기면 정상적인 방법을 통해서는 성공할 수 없다고 여기기 때문이다.

경쟁과 효율성을 성장 동력으로 삼은 자본주의는 공정성이라는 난관에 부딪혔다. 여기서 성장이란 '될성부른 나무'를 집중적으로 키워 거기서 얻은 열매를 골고루 나누는 게 낫지 않느냐는 발상이다. 다시 말해 선택과 집중이라는 논리다. 그러나 결과는 의도와 달랐다. 열매를 공정하게 나누지도 못했을 뿐 아니라, 작은 나무들에 필요한 양분마저 큰 나무가 독식하게 됐다. 그러면 당연하게도 경제 생태계 자체가 무너질 수밖에 없다.

우리 사회는 일찍이 개인과 기업의 경제적 합리성 추구를 보장하는 자유시장경제로 나라 경제를 운용하자고 합의했다. 그러면서도 시장경제가 안고 있는 한계인 시장의 지배와 경제력 남용을 방지하기 위해 국민경제의 균형 성장 및 소득의 적정 분배라는 기능을 국가에 맡겼다.

농협법의 제정 목적 역시 성장 과정에서 농업인을 배제하지 않고 성장의 결과를 농업인도 공정하게 보상받도록 하자는 것이다. 농협의 역할을 농업인의 이익단체 정도로만 생각하는 이들을 보면 답답함마저 느껴진다. 농업인에게 지급하는 보조금이 수혜라는 주장을 접할 때면 더더욱 그렇다. 오히려 농업인이 이 땅의 생명력을 유지하고 생태에 활력을 불어넣는 공익적 가치를 보상받지 못하는 불공정 상태에 있기 때문이다. 오이를 집어 던진 원숭이는 더는 과제를 수행하려 하지 않을 것이다. 인간도 마찬가지이며, 농업인도 그렇다. 농업적 가치를 지키는 데 대한 보상이 공정하다고 여길 때, 농업인들은 생태와 조화를 이룬 안전한 먹거리 생산이라는 과제에 전념할 수 있을 것이다.

변화를 주도하는 여성 농업인들

폭염의 계절, 그늘을 드리워주는 대추나무에 제법 토실한 열매가 열렸다. 하염없이 내리쬐는 햇살을 의연하게 받아내는 푸른 벼들을 볼 때마다 마음이 청량해지곤 한다. 계속되는 열대야에 사람도 소도 지쳤지만 농민들은 부지런히 물을 대고 배추를 심는다.

　우리 농촌의 아름다움을 새삼 느끼면서 많은 농업인을 만나고 그들의 소리를 들어본다. 협동조합이 전과 많이 달라진 것 같기는 한데 아직 피부에 와닿는 것이 별로 없다는 의견에는 절로 고개가 숙여진다. 앞으로 해야 할 일들이 적지 않다는 사실을 또 한 번 느낀다. 농업인들의 구릿빛 피부에 맺힌 땀방울이 다시 한번 힘내라는 응원의 몸짓이 되어 돌아오는 듯하다.

요즘 들어 여성 농업인들을 만나는 일이 부쩍 늘었다. 그도 그럴 것이 농촌 인구 중 여성이 차지하는 비중이 절반을 넘은 지 이미 오래기 때문이다. 돌이켜 보면 원래부터 여성은 농업과 떼려야 뗄 수 없는 존재였다. '대지의 여신'이라고도 하듯이, 생명의 원천인 흙은 언제나 어머니에 비유되곤 한다. 그 힘겹던 시절 흙에 파묻혀 살아온 사람도 다름 아닌 우리의 어머니, 바로 여성 농업인들이었다.

하지만 근대 이전 농업사회에서 여성에게 주어진 역할은 지극히 제한적이었다. 농업을 중심으로 남성의 경제적 역할과 사회적 지위는 높아졌지만, 그에 반해 여성의 역할은 가사노동에 국한되거나 농사에서도 남편을 보조하는 역할에 지나지 않았다. 근대까지도 유교 사상은 그림자처럼 남아 칠거지악(七去之惡)의 악습이 여전했고, 여성들은 평생 지속되는 사회적 불평등을 고스란히 감내해야만 했다.

하지만 역사를 거슬러 올라가 보면 경제 영역에서 적극적으로 활약했던 여성들을 어렵지 않게 만날 수 있다. 숙종 시대에 직접 동전을 주조했던 박씨 부인, 정조 시대에 많은 재화를 지

역민에게 희사한 강원도 통천 김씨, 막대한 재산을 나라에 기부한 제주도 출신 김만덕, 그리고 18세기 남인 학자 정범조의《해좌집》에 실린 양잠 자산가 전주 이씨 등이 대표적인 예다.

다산 정약용은 "가난한 선비가 생계 걱정하지 않고 학문에 열중하기 위해서는 뽕나무를 심고 아내에게 부지런히 양잠을 하도록 해야 한다"라고 했다. 그런가 하면 조선 후기 무신 노상추는 농사를 통해 치산하는 여성들에 대해 "여자들의 수공(手工)이 매우 아름답다"라고 칭송했다. 이는 곧 여성 농업인의 생산노동, 즉 부를 창조하기 위한 노동을 긍정적으로 평가했음을 뜻한다. 조선 후기의 이런 외적 조건들은 여성이 경제 활동에 적극적으로 참여하게 하는 동인이 됐다.

시대가 흐른 지금, 여성 농업인들의 눈부신 활약이 다시 펼쳐지고 있다. 대표적으로 광양 매실마을의 홍쌍리 여사는 이미 명인의 대열에 올라 있다. 약관의 나이에 직접 사과농장을 운영하며 소비자와 소통하는 주설희 씨도 손꼽히는 여성 농업인이고, 강원도 원주에서 구운 달걀 사업을 하는 전주희 씨도 창업 3년 만에 연 매출 3억 원을 달성한 모범적인 6차 산업 농민이다. 지역농산물을 전통식품으로 발전시킨 구례 피아골 직전마을 이장 김미선 씨, 직접 생산한 쌀과 밀로 쿠키와 케이크를 만들어 온라인으로 판매하는 전북 김제의 유지혜 씨도 우리 농촌에 여성의 힘을 불어넣고 있는 훌륭한 여성 농업인이다.

여성 농업인들이 우리 농촌에서 변화의 주역으로 성장함에 따라 농업 경제에도 새바람이 불고 있다. 여성 고유의 장점인 세심함과 감수성으로 안전한 농식품 생산에 신뢰를 드높이고 있다. 특히 SNS 등 온라인상에서 소비자와 실시간으로 공감대를 형성하는 특유의 소통 능력은 농산물 직거래 사업에서 여성 농업인들이 우위를 점하게 된 결정적 요인이기도 하다. 신선하고 더 안전한 농산물, 다양한 맛을 요구하는 소비자의 욕구가 강해질수록 여성 농업 경영자들의 가능성과 활동무대 역시 더욱 넓어질 것이다.

어느덧 우리 농업은 우수한 여성 농업인들을 핵심적인 영농 인력으로 확보하고 그들의 경영 능력을 높여가야만 지속적인 발전을 보장받을 수 있게 됐다. 단순히 농업 인력의 여성화라는 편협한 시각에서 벗어나 여성들이 당당한 경영 주체이자 리더로 성장할 수 있을 때, 농업의 미래를 기대할 수 있을 것이다.

따라서 이제는 패러다임을 전환해야 한다. 무엇보다 어엿한 농업 경영의 주체로서 여성 농업인들을 위한 정책을 마련하고 지원해야 한다. 선진국 농업의 기술과 정보를 습득하여 기회를 창출할 수 있도록 환경친화형 농업과 6차 산업에서 여성의 강점을 살리는 한편, 정보통신기술(ICT)을 활용한 첨단 영농교육을 통해 여성도 우리 미래 농업의 주역이 되게 해야 한다.

최근 젊은 여성 농업인들을 중심으로 한 여성 CEO들이 모여 '청년여성농업인CEO중앙연합회'를 결성했다. 고령화와 시장 개방 등으로 점점 활기를 잃어가고 있는 농촌에 청년 여성 농업인들은 분명 새로운 활력소가 되고 있다. 햇볕에 그을리면서도 자랑스럽고 당당하게 농사짓는 이들이야말로 농업계의 보석 같은 존재들이다. 이들의 성공이 보다 많은 젊은이를 농촌으로 이끌고, 섬세함과 신뢰감으로 농업 경쟁력을 높여 농가소득을 끌어올리는 마중물이 되리라고 확신한다.

8월의 어느 깊은 밤, 한 농가에서 내어준 방에 자리를 잡고 창문을 열어 자연과 호흡한다. 칠흑같이 어두운 밤하늘을 배경으로 별이 더욱 찬란히 빛나고 있다. 우리 농촌의 현실은 어둡지만 별처럼 반짝이는 여성 농업인들을 보며 마침내 밝아올 찬란한 아침을 기대한다.

5장

더 멀리 가기 위한

함께

사람들은 협동조합의 공동체의식을

신뢰하기 때문에 말 그대로 '협동'을

잘 끌어낼 거라는 기대를 갖고 있다.

그래서 협동조합 교육을 통해

깨어 있는 개인들이 다양한 방식으로

공동체의식을 회복해주기를 희망하고 있다.

상부상조의 협동정신이야말로

이 시대에 더욱 필요하고,

지속적으로 발전시켜나가야 할

고귀한 가치이기 때문이다.

행동하는
활동가가 되라

영화 〈택시 운전사〉는 어느 택시 기사의 직업적 도리와 고립된 광주에서 벌어지고 있는 엄청난 일을 알리고자 애쓴 독일 기자의 사명감에 관한 이야기다. 영화의 본줄기는 5·18 광주 민주화운동을 그리고 있지만, 등장인물들이 어떤 선택을 하고 어떻게 행동하는지를 보면 '사람은 무엇으로 사는가?'라는 질문을 절로 떠올리게 된다.

주인공 만섭은 밀린 월세를 낼 만큼의 거금에 끌려 독일 기자를 태우고 길을 나섰다가 상상조차 하지 못했던 일들을 경험하게 된다. 비극의 현장 광주에서 만난 사람들 또한 자신처럼 지극히 평범한 사람들이었다. 그들 모두 비장한 사명감이나 신념에 목숨 걸기보다는 단지 자신이 해야 할 일들을 하며 살고 있었을 뿐이다. 그런데 영화가 묘사하는 5·18이라는 상황은 만섭에게 양심과 상식 그리고 인간으로서 해야 할 일들을 깊이 고민하게 한다. 생계를 위해 운전대를 잡은 그였지만, 서서히 자신의 직업이 갖는 의미를 깨닫는다. 출발지인 서울로 돌아왔을 때는 이미 예전의 그가 아니었다.

직업이란 생계를 유지하기 위하여 자신의 적성과 능력에 따라 일정 기간 계속하여 종사하는 일을 말한다. 사전적 의미만 놓고 보면 우리 역시 생계를 유지하기 위해서 수많은 직업 중 협동조합을 택해 일하고 있는 사람들이다. 우리도 다른 사람들과 마찬가지로 자신과 가족의 생활을 꾸려가는 생활인이고, 사업소득이 아니라 임금소득으로 생계를 유지하는 월급쟁이들이다. 그런데 이런 단순한 정의로는 왠지 공허감이 느껴진다. 왜일까? 어쩌면 월급쟁이를 넘어서는 무언가가 있지 않을까? 맞다. 바로 농협이 여타 직장과는 다른 '협동조합'이기 때문이다.

협동조합은 사업체이자 운동체라는 특성이 있기에 구성원에게 활동가로서의 역할도 함께 요구한다. 그래서 협동조합에 대한 이해가 부족한 직원은 월급쟁이로서의 자신과 조합원이 바라는 협동조합 직원으로서의 모습 사이에 괴리를 느끼기도 한다.

협동조합의 주인은 조합원이다. 조합원이 주체가 되어야 유지되는 조직이다. 그렇지만 조합원의 주체적 행위만으로는 그 목적을 달성할 수 없다. 협동조합이 사업체로서의 기능을 다하려면 직원들의 역할 또한 매우 중요하며, 기획과 실행에서 보다 전문적인 역량을 발휘해야 한다.

최초로 협동조합의 성공 모델을 개척한 로치데일 공정개척자 조합은 처음에는 직원을 별도로 채용하지 않았다. 조합원들이 스스로 역할을 나누어 판매와 정산을 직접 했다. 즉 협동조합의 실무를 조합원들이 직접 수행한 것이다. 그런데 이후 사업이 확대되고 영리기업들과 경쟁하게 되면서 협동조합 실무를 전문적으로 전담할 인력이 필요해졌다. 그래서 직원을 채용하게 됐고, 지속적인 교육을 통해 직원들이 협동조합 활동을 할 수 있도록 이끌었다. 직원을 협동조합에 대한 신념을 갖고 더욱 발전시켜 나갈 활동가로 양성한 것이다.

협동조합의 주인과 직원을 일반 기업의 주주와 종업원 관계처럼 명백히 분리하기는 어렵다. 협동조합 직원은 월급쟁이인 동시에 활동가라는 정체성을 조화롭게 연계해야만 한다. 이런 기본적인 마음가짐이 없으면 아무리 역량이 뛰어나더라도 진정한 협동조합 직원이라 불리기 어려울 것이다.

협동조합은 구조적으로 운동체이자 사업체라고 표현할 수 있다. 운동체 안에 사업체를 포함하고 있으며, 이 두 가지가 분리되어 따로 존재하지 않는다. 물이 수소와 산소 분자로 나뉠 수 있지만 나누는 순간 물이 아닌 것과 같다. 하나의 협동조합 안에서 운동체로서의 역할과 사업체로서의 역할을 모두 충실히 수행할 때 최종 목적에 더 가까워질 수 있다.

운동체로서의 역할을 다한다는 것은 조합원이 조합원다운 행동을 한다는 것이고, 사업체로서의 역할을 충실하게 한다는 것은 직원이 협동조합 직원으로서의 역할을 다한다는 의미다. 협동조합의 성과를 창출하는 데 직원이 담당하는 역할은 매우 크고 중요하다. 그러므로 협동조합의 직원은 강요에 의해서가 아니라 스스로 자신이 활동가이며 조합원과의 접점에서 일하는 전문가라는 신념을 가져야만 한다.

농업, 농촌이 갈수록 어려워지면서 조합원은 생존을 위해 협동조합에 더 많은 기대를 걸고 있다. 이런 기대에 부응하기 위해서는 직원들이 각자 맡은 사업 분야에서 역할을 충실히 하는 것을 넘어 신념을 가진 전문가가 되어야 한다. 조합원 교육뿐만 아니라 직원에 대한 교육도 더는 미룰 수 없는 이유가 바로 이것이다. 그리고 교육도 일하는 방법을 가르치는 데 그치지 않고, 일을 하는 근본적 이유를 찾아가도록 더 확대되어야 한다.

영화 〈택시 운전사〉에서 광주의 대학생 재식이 독일 기자에게 왜 기자가 됐냐고 묻자, 그는 돈을 벌기 위해서라고 답한다. 제법 그럴싸한 이야기를 기대했는데 예상보다 싱거운 대답이었다. 이어서 그럼 왜 이렇게 위험천만한 광주에 취재를 하러 왔느냐고 묻자, 독일 기자는 '기자이기 때문'이라는 짧지만 묵직한 대사를 던진다. 기자라면 그곳이 어디든 진실을 알리기 위해 현장에 있어야 한다는 말이다. 실제 그 독일 기자는 당시의 광주를 영상으로 남겼고, 그 영상이 한국 민주주의 운동에 초석이 됐다.

구성원 모두가 자신이 하는 일과 직업을 자각하는 사회는 분명 아름다울 것이다. 공자가 말한 '군군신신부부자자(君君臣臣父父子子)'는 임금과 신하는 물론 한 집안의 아비와 자식까지 다 제 본분을 다하라는 뜻이다. 조합원과 직원 모두가 자신의 역할을 스스로 깨닫고 행동하는 아름다운 협동조합을 만들어갔으면 한다.

함께, 공동체를
지향하다

—
—
—

인간의 잠재력은 조직화된 대규모의 협동을 통해 극대화된다. 대규모의 협동을 끌어내기 위해서는 그만큼 커다란 정체성을 구축해야만 하고, 이런 정체성은 대체로 과학적 사실보다는 '이상적인 이야기'를 기반으로 한다.

인간은 그런 이상적 공동체를 위해 때로는 목숨까지 던지기도한다. 영어로 개인(individual)은 더는 나눌 수 없다(in+dividuum)는 뜻을 담고 있다. 이는 인간이 사회라는 조직의 최소단위라는 의미다. 로빈슨 크루소처럼 사회 밖에서 홀로 존재하는 개인은 없으며, 개개인의 삶과 사회는 서로 영향을 주고받는다.

앱 분석 업체 와이즈앱에서 스마트폰 사용자의 세대별 사용 현황을 분석한 결과, 유튜브가 가장 많이 활용된 것으로 나타났다. 유튜브 활용의 빈도가 증가한다는 것은 매체를 활용해 다양하고 유익한 정보를 쉽게 얻을 수 있다는 점에서 분명 긍정적이다. 그렇지만 한편으론 TV나 신문과 달리 자신이 믿고 싶어 하는 콘텐츠만 편식하게 한다는 한계도 존재한다. 실제로 어떤 콘텐츠들은 분명 거짓된 내용인데도 이용자들이 진실이라고 믿게 한다. "인간 사회는 거대한 허구 위에 서 있다"라는, 이스라엘의 역사학자 유발 하라리(Yuval Harari)의 주장이 떠오르는 대목이다.

진짜와 가짜의 경계가 모호해지는 가운데 사회 곳곳에서 상대의 말을 경청하기보다는 일방적으로 자기 생각을 전달하는 데에만 집중하는 경향이 심화되고 있다. 이처럼 기술의 진보가 인간의 연약한 심리적 고리와 결합하면 개인주의가 더욱 만연해져 사회적 통합을 저해할 수 있다.

개인주의가 심화되면서 발생하는 사회적 문제는 한두 가지가 아니지만, 가장 심각한 문제점으로 사회의 공동체적 선(善)이 약화된다는 점을 들 수 있다. 즉 인성이 거칠어지고, 타인에 대한 배려가 줄어들고, 존중하는 마음이 낮아진다는 점이다. 언제부턴가 개인의 자율성을 지나치게 강조하는 사회 분위기에 휩쓸려 반드시 지켜야 할 공동체의 가치가 뒷전으로 밀려나고 있다. 도

덕적 가치가 결여된 개인주의는 언제나 자신의 이익이 우선이기 때문에 '함께 만들어가는 세상', 즉 공동체의 입장을 생각하고 행동하는 것에는 상대적으로 관심이 적거나 없을 수밖에 없다. 이는 두말할 것도 없이 공동체 사회에 커다란 폐해가 된다.

공동체의 가치가 결여된 채 개인주의가 심화될수록 인간소외 현상이 점점 더 뚜렷해진다. 실제로 최근에는 1인 가구, 혼술, 혼밥 등 '나 홀로' 트렌드가 번지면서 사람 만나기를 꺼리는 경향이 심해지고 있으며 심지어 '언택트(untact)족'이라는 신조어까지 생겨났다. 사람들 간에 접촉이 줄다 보니 공동체의 주체인 개인들이 오히려 공동체에서 소외되고 있다.

4차 산업혁명을 앞둔 개인주의의 시대에 공동체를 재건하자는 말은 시대착오적 발상처럼 들린다. '공동체'라고 하면 그저 개인을 구속하는 거추장스러운 집단화 정도로 여겨지기 때문이다. 하지만 부인할 수 없는 것은 사회가 개인들의 계약에 기반을 두고 있으며, 개인은 구성원들과 더불어 공동체 속에서 살아갈 수밖에 없다는 사실이다. 개인주의가 점점 이기주의로 변해가는 시대에 공동체를 재발견해야 하는 까닭은, 그것이야말로 사회를 어떤 방향으로 변화시켜야 할지를 찾는 데 하나의 실마리가 되기 때문이다.

우리는 모두 애정에 목마르고 고독한 존재들이다. 전통적으로 효(孝)에 기반을 두고 형성됐던 가족 간의 연대나 공동체정신이 지금은 서서히 사라지고 있다. 20세기 최고의 지성이라 불리는 역사학자 아널드 토인비(Arnold Toynbee)는 '만일 지구가 멸망해 다른 별로 가야 한다면 무엇을 가져가겠느냐'는 질문에 '효와 경로사상이 아름다운 한국의 가족제도를 포함시킬 것'이라고 답한 바 있다. 개인주의를 지향해온 서구 문화보다 가족을 중심으로 공동체정신을 실천해나가는 동양 문화에서 길을 찾아야 한다는 뜻이다.

개인주의가 심화되는 현상의 이면에는 공동체인 사회로부터 더욱 보호받고 싶어 하는 구성원의 요구도 내재해 있다. 거기에 이 사회가 손을 내밀어 공동체정신으로 이끌 수 있다면 개인주의가 가져오는 폐해도 조금씩 줄여나갈 수 있지 않을까.

대중은 스스로 존재 이유를 이해하고 그것을 위해 최선을 다하는 개인 또는 조직에 신뢰를 보낸다. 협동조합은 공동체를 지향하는 조직으로 그만큼 대중의 큰 기대를 받을 수밖에 없다. 만일 협동조합의 활동이 공동체의 가치와 목적에 어긋난다면 대중으로부터 쏟아지는 실망과 비난은 일반 기업보다 훨씬 클 것이다.

사람들은 협동조합의 공동체의식을 신뢰하기 때문에 말 그대로 '협동'을 잘 끌어낼 거라는 기대를 갖고 있다. 그래서 협동조합 교육을 통해 깨어 있는 개인들이 다양한 방식으로 공동체의식을 회복해주기를 희망하고 있다. 상부상조의 협동정신이야말로 이 시대에 더욱 필요하고, 지속적으로 발전시켜나가야 할 고귀한 가치이기 때문이다.

참여만이
정답이다

—
二
—

영국의 노동자들에게 투표권이 주어진 것은 민주주의 원칙
을 표방하는 로치데일 협동조합이 설립되고도 한참 뒤의 일이
었다. 그리고 여성들이 투표권을 얻은 것은 그보다 10년이나 지
난 뒤였다. 대의민주제가 발전하던 시기에 가장 먼저 1인 1표제
를 확립한 조직이 바로 협동조합이었다.

　오늘날 주식회사의 의사결정 원리가 1주 1표제인 것과 달리
협동조합은 모든 사람에게 동등한 권리를 부여한다. 그래서 협
동조합은 흔히 '민주주의의 학교'로 불린다. 국제협동조합연맹
(ICA)에서도 '조합원에 의한 민주적 관리'를 원칙으로 하고 있을

만큼 협동조합에서는 민주주의가 처음이자 끝이다. 한 가지 아쉬운 점은 많은 사람이 이 원칙을 단순히 '1인 1표' 정도의 의미로만 생각한다는 사실이다. ICA에서는 이 원칙을 다음과 같이 설명하고 있다.

"협동조합은 조합원에 의해서 관리되는 민주적인 조직으로서 조합원은 정책 수립과 의사결정에 적극적으로 참여한다. 조합원은 동등한 투표권을 가지며, 연합 단계의 협동조합도 민주적인 방식으로 조직된다."

지나친 단순화일지 모르겠지만 핵심은 '1인 1표'가 아니다. 1인 1표는 수단일 뿐이며, 오히려 방점을 찍어야 할 곳은 '참여와 책임'이다. 조합원이 임원의 선출, 총회, 대의원회에서 동등한 의결권을 갖는 것은 물론이고 일상적으로도 조합 운영에 적극적으로 참여하는 것이 중요하다는 의미다. 단순히 투표에만 참여하고 조합 활동이나 사업 이용을 소홀히 한다면 조합 운영의 진정한 주체라고 할 수 없다.

그렇다면 어떻게 해야 조합원들이 보다 활발하게 참여하도록 유도할 수 있을까?

무엇보다 조합 경영의 내용이 조합원들에게 상세히 제공되어야 한다. 물론 경영공시 · 운영공개 · 조합소식 등을 통해 공개하고 있지만, 아직은 조합원이 이해하기 어려운 내용이 많고 형식에 그치는 경우도 적지 않다. 조합 경영에 비밀이 있으면 조합원이 올바른 판단을 할 수 없고 조합원과 임원, 직원 사이의 신뢰도 형성되기 어렵다. 따라서 선출된 임원과 직원은 조합의 운영 상황을 조합원들에게 적극적으로 전달하고, 조합원의 의견에 귀를 기울여야 한다.

이처럼 1인 1표제보다 참여가 더 강조되어야 하는 까닭은 대의민주주의의 근본적인 한계 때문이다. 유발 하라리는《21세기를 위한 21가지 제언》에서 "민주주의는 유권자가 가장 잘 안다는 생각 위에 서 있지만, 현실에서 절대적 가치니 합리적 개인이니 하는 것은 우리의 환상일 뿐이다"라고 주장한다. 나아가 그는 선거나 투표 행위가 인간의 느낌에 관한 것이지 이성적 판단에 의한 것이 아니라고 단언했다. 실제로 정보가 왜곡되거나 불완전하게 공개된 상태에서 투표가 이뤄질 때 유권자가 바라는 대로 가지 않는다는 사실을 우리는 이미 경험을 통해 잘 알고 있다.

협동조합에서의 민주주의가 1인 1표제보다 적극적인 참여에 강조점을 두는 이유도 바로 '느낌'이 아닌 '이성적 판단'에 따른 투표를 지향하기 때문이다. 이것은 ICA의 또 다른 원칙인 '교육과 훈련, 정보 제공의 원칙'과도 떼려야 뗄 수 없는 관계에 있다.

영국에서 노동자들이 보통선거, 즉 차별 없이 누구에게나 선거권이 주어져야 한다고 주장했을 때 이를 반대했던 논리가 '합리적 이성이 무지한 다수에게 지배되어서는 안 된다'라는 것이었다. 이에 영국의 노동자들은 치열하게 투쟁하는 한편 자신들의 교육 체계를 확립함으로써 마침내 선거권을 쟁취했다.

정보를 더 쉽게 이해할 수 있도록 제공하려는 노력과 끊임없는 교육이 지속될 때 조합원은 '나'만을 위한 한 표가 아닌 '전체'를 위한 한 표를 행사할 수 있을 것이다.

협동조합 민주주의에서 빼놓을 수 없는 또 하나의 중요한 요소가 있다. 선출된 임원은 임기 동안 '조합원들 앞에 책임 있는 행동'을 해야 한다는 것이다. 이 말은 임원이나 조합원의 대표가 일부 조합원이 아닌 전체 조합원의 이익을 염두에 두고 행동해야 한다는 것을 의미한다. 협동조합은 선출된 임원의 것이 아니라 조합원의 것이기 때문이다.

조합원들이 조합의 운영 방향을 설정하고, 사업계획 수립과 조합 운영 등에 적극적으로 참여하고 관여하도록 하는 것 역시 선출된 대표와 임원의 의무다. 이를 위해 토론회, 분과회의, 좌담회 등 다양한 제도를 통해 조합원들에게 제대로 된 정보를 제공해야 한다. 사실 그동안은 협동조합이 사업체라는 이유로 마

치 민주주의가 사업 성장에 방해 요소가 된다는 듯이 여기는 그
릇된 풍조가 지속되어왔다. 고도성장기에는 사업계획의 빠른
집행이 최고의 가치였을지 모르지만, 이제는 조합원들도 다양
해진 만큼 조합원들의 이해가 반영된 바른 사업계획이 더 중요
해졌다. 결정된 방향을 조합원에게 얼마나 효율적으로 전달하
는가의 문제가 아니라 얼마나 많은 조합원을 사업에 참여시키
는가가 조합 사업의 성패를 가를 것이다.

  MIT는 매년 혁신기술, 실용성 등을 기준으로 세계 50대 스마
트 기업을 선정한다. 2014년에 국내 기업으로는 유일하게 삼성
이 선정돼 4위를 차지했다. 그러나 2017년 발표에는 우리나라
기업이 한 곳도 포함되지 않았다. 놀라운 사실은 50대 기업 중
처음으로 선정된 기업이 무려 28개나 된다는 것이다. 세상은 이
처럼 빠르게 변화하고 있다.
  이들 스마트 기업의 공통점은 관리 중심의 수직적 조직문화
가 아니라 소통 중심의 수평적 조직문화를 갖추고 있다는 것이
다. 즉 그들이 구축한 민주주의가 더 많은 혁신을 일으킨다는
얘기다. 관료화된 수직적 조직문화에서는 현장에서 발견한 문
제점이 공론화되지 못하고 오히려 은폐되기 쉽다. 이런 문화에
서 벗어나지 못한다면 결국 직원들의 자발적이고 민주적인 참

여를 끌어내지 못하는 조직으로 전락하고 말 것이다.

협동조합은 태생적으로 오래된 미래를 가지고 있다. 협동조합 구석구석에 협동의 DNA가 존재하는 것이다. 그 DNA를 일깨워 협동조합만의 문화로 꽃피워야 한다.

현명한 농부는
때를 놓치지 않는다

흔히 '사랑은 타이밍'이라고들 한다. 그 사람이 내 앞에 나타나는 순간이 언제냐에 따라 사랑에 빠질 수도 있고 그냥 스쳐 지날 수도 있다. 그런가 하면 한순간의 머뭇거림 때문에 사랑하는 사람을 놓칠 수도 있다. "그때 고백했더라면", "그 말을 꼭 해줬더라면" 하면서 놓쳐버린 그때 그 순간을 후회하는 사람이 적지 않다.

기업의 성공도 마찬가지다. 기존 제품보다 성능도 우수하고 디자인도 좋은 신제품을 내놓았다고 무조건 성공을 거두는 것이 아니다. '언제' 출시하느냐에 따라 성패가 갈릴 수 있다.

시기를 맞추지 못해 실패한 제품은 의외로 많다. 현재 널리 사용되고 있는 팩스도 특허를 받은 지 80년이 지나서야 본격적으로 활용됐고, 바코드 역시 발명된 지 20년이 지나서 상용화됐다. 마이크로소프트의 윈도8은 터치스크린 방식의 신개념 운영체제였지만 터치스크린에 익숙하지 않았던 소비자들로부터 외면당했다. 도입 시기가 너무 빨라서 실패한 사례다.

반면, 세월호의 비극은 의사결정의 때를 놓쳐서 발생한 참사다. 수많은 사람이 탄식하는 이유는 사고 발생 직후 매 순간이 골든타임이었다는 사실을 알기 때문이다. 승객 전원을 구할 수 있는 결정적인 타이밍이 여러 번 있었지만 모든 기회를 놓쳤고, 결과는 그야말로 참담했다.

때를 놓치지 않으려면 발생한 상황에 즉각 반응하고 신속한 조치를 취해야 한다. 시간은 촉박한데 이것저것 재느라 문제를 키우는 경우가 많다. 돌다리도 두드려보고 건너는 신중함이 있어야 하겠지만, 요즘같이 급변하는 시대에는 때를 놓치지 않는 것도 그 못지않게 중요하다. 따라서 구성원 각자가 순간순간 대처할 수 있도록 판단력과 실행력을 갖춰야 한다. 눈앞에서 배가 가라앉고 있는데도 지시만 기다리는 어리석은 행동이 다시 되풀이되어선 안 된다.

당나라 이조(李肇)의 《당국사보》에는 손해를 감수하더라도 과감한 결정으로 문제를 단번에 해결한 유파의 이야기가 등장한다.

항아리를 가득 실은 수레 한 대가 좁다란 길을 가로막고 있었다. 날씨는 춥고 길은 얼음으로 뒤덮여 미끄러운데 길옆은 천 길 낭떠러지였다. 수레는 항아리 무게 때문에 앞으로 나아가지 못했고, 뒤로 빼자니 다른 수레들이 줄줄이 밀려 있어 오도 가도 못 하는 상황이었다. 날은 저물어가고 많은 사람이 속수무책으로 발만 동동 구르고 있었다. 이때 유파라는 사람이 채찍을 휘두르며 말을 타고 달려와 수레 주인에게 물었다.

"수레에 실은 항아리가 모두 얼마요?"

"칠팔천 냥쯤 됩니다."

유파는 지갑을 열어 즉시 값을 치렀다. 그러고는 수레 위로 올라가 항아리를 모두 절벽 아래로 밀어버렸다. 잠시 뒤 수레가 움직이기 시작했고, 밀려 있던 수레들도 무사히 갈 길을 갈 수 있었다. 과감한 결단력으로 타이밍을 놓치지 않은 사례다.

철부지(節不知)란 '농사의 때도 모르는 어리석은 사람'이라는 뜻에서 유래한 말이다. 농사에서 절기, 즉 타이밍이 얼마나 중요한지는 삼척동자도 안다. 입춘이면 거름을 뒤집고 종자를 손질

해야 하며, 입추에는 마지막 풀매기를 해줘야 한다. 24절기 모두 때를 맞추어 해야 하는 일들이 있다. 그 시기를 놓치면 한 해 농사를 모두 망치게 된다.

모든 일에는 때가 있는 법이다. 그렇지만 매 순간 타이밍을 예상하고 기회를 잡는다는 것은 매우 힘든 일이다. 빌 게이츠도 인터넷이 이토록 급격히 성장하리라고는 예상하지 못했고, 워런 버핏 역시 지금도 여전히 주식을 사고파는 시기를 포착하는 것이 가장 힘들다고 했다. 다만 이들이 남과 다른 것은 때를 알아차리는 직관력과 때가 왔을 때 이를 놓치지 않는 과감한 결단력이 있다는 것이다.

세상은 눈으로 주시하는 자가 아니라 손을 뻗어 움켜쥐는 자의 것이라고 했다. 기회는 두 번 다시 오지 않는다. 기회를 찾았다면 더는 머뭇거리지 말아야 한다. 지나치게 신중한 나머지 눈앞의 때를 놓치면 후회와 탄식만 남게 된다.

"시간을 되돌릴 수만 있다면…."

훗날 간절히 되돌리고 싶어 하는 순간이 바로 지금일 수도 있다. 그러니 매 순간 후회 없는 선택을 해야만 한다.

불필요한 가지는
과감히 쳐낸다

원숭이는 사람과 행동 패턴이 유사하고 지능이 뛰어난 동물이다. 인도 열대림 원주민들은 아주 독특한 방법으로 원숭이를 사냥한다. 항아리 모양의 덫에 작은 구멍을 뚫고 그 안에 바나나를 넣어둔다. 원숭이들이 손을 넣어 바나나를 잡기만 하면 그것으로 사냥은 끝난다. 구멍에서 손을 빼려면 바나나를 놓아야 하지만 원숭이들은 절대로 바나나를 포기하지 않는다. 욕심에 눈이 먼 원숭이는 사람이 다가오는 걸 알면서도 바나나를 쥔 채 안간힘을 쓰다 결국 잡히고 만다.

원숭이가 어리석다고 생각하겠지만, 문득 우리 자신을 되돌아보게 된다. 하나를 얻기 위해 다른 무언가를 포기해야 하는데도 우리의 본능이 주먹을 펴지 않는다.

추운 겨울이 되면 과수나무의 가지를 쳐야 한다. 쓸모없는 가지나 병든 가지들을 과감히 잘라내면 나무의 골격이 바로잡히고 다음 해에 실한 열매를 수확할 수 있으며, 나무도 더 튼튼하게 오래 살 수 있다. 그런데도 막상 전지가위를 들면 망설여지는 것이 인지상정이다. 지금 자르려는 이 가지에서 더 많은 열매가 맺힐 것만 같은 미련과 아쉬움 때문이다. 그 욕심을 버려야 한다.

삶이라는 나무에서 더 굵은 열매가 열리기를 원한다면 과감히 가지치기를 해야만 할 때가 있다. 어떤 일을 선택할 때도 마찬가지다. 선택과 포기는 다른 말처럼 들리지만 자세히 들여다보면 같은 의미다. 하나를 선택한다는 것은 곧 나머지를 포기하는 것이고, 포기함으로써 다른 것을 선택할 기회를 얻기 때문이다.

자살은 인간만의 특성이며 동물과 확연히 구별되는 능력이라고 알려져 왔다. 그런데 인간뿐만 아니라 생체 내의 세포들도 자살을 한다는 사실이 새롭게 밝혀졌다. 잘 알려졌다시피 우리 몸 안에서 세포들은 생성과 소멸을 거듭하는데 세포의 소멸, 즉 죽음에도 두 종류가 있다. 하나는 '네크로시스(necrosis)'라고 하는 타살이고, 다른 하나는 '아포토시스(apoptosis)'라고 하는 자살이다. 20세기 이전만 해도 세포가 네크로시스에 의해서만 소멸하는 것으로 알려져 있었는데, 연구에 따르면 세포도 스스로 죽음을 선택할 수 있다고 한다. 외부에서 수분이 유입되면서 세포가 팽창하여 파괴되는 네크로시스와 달리, 아포토시스는 세포가 쭈그러들어 인접한 세포들로부터 떨어져 나가 소멸한다.

세포가 자살을 선택하는 이유는 뭘까?

과학자들의 의견은 크게 두 가지로 나뉜다. 그중 하나는 진화를 이유로 든다. 예컨대 올챙이는 꼬리가 사라지고 뒷다리가 생겨야 비로소 개구리가 된다. 개구리로 진화하기 위해 사라져야 할 꼬리 부분의 세포들이 자살을 선택하는 것이다. 또 다른 이유는 방사선, 약물 등의 이유로 훼손된 세포가 자살을 선택한다는 것이다. 훼손된 세포가 그대로 살아 있으면 암세포로 변해 몸 전체에 퍼지게 된다. 결국 죽어야 산다는 얘기다. 세포가 아포토시스를 선택하는 까닭은 세포 자신을 위해서가 아니라 전체를 살리기 위해서다.

이처럼 우리 몸을 이루는 세포들도 기꺼이 자신을 희생하는데 정작 세포의 집합체인 우리는 어떤가. 작은 것에도 욕심을 내고 가진 것을 포기하지 못하는 삶을 살아가고 있지는 않은가? 세포의 희생에서 새삼 교훈을 얻게 된다. 물건이든 마음이든 버리지 못하는 것은 과거에 집착하고 미래에 불안을 느끼기 때문일 것이다. 그래서는 결코 앞으로 나아가지 못한다. 손에 쥔 것을 놓고, 불필요한 가지는 쳐내야 한다. 제자리걸음을 하게 하는 오랜 관행과 이별하는 것은 자신만이 아니라 우리 모두를 살리는 선택이다.

스타플레이어에
열광하는 이유

적벽대전에서 제갈량이 조조로부터 화살 10만 개를 얻은 이야기는 《삼국지》의 명장면 중 하나다. 손권과 유비의 연합군이 조조의 대군과 대치하는 상황에서 평소 제갈량을 시샘하던 주유는 그를 곤경에 빠뜨릴 목적으로 열흘 안에 화살 10만 개를 만들어내라고 요구한다. 불가능한 일이지만 제갈량은 그 요구를 흔쾌히 수락하면서 오히려 사흘 안에 만들어내겠다고 호언장담한다.

아무런 준비도 하지 않고 있던 그는 셋째 날이 되어서야 20척의 배에 짚단을 가득 싣고 푸른 장막을 두른 채 조조의 수군을

더 멀리 가기 위한 함께

향해 나아간다. 유독 안개가 많이 낀 날이어서 조조 진영에서는 적의 급습으로 판단하고 정신없이 화살을 날렸고, 제갈량은 손쉽게 10만 개의 화살을 확보했다.

이 일화에서 나온 말이 초선차전(草船借箭)이다. '마른 풀을 실은 배로 화살을 빌린다'는 뜻으로 인재와 재물을 지혜롭게 구한다는 의미로 쓰인다.

갈수록 세상이 복잡해지면서 기존의 상식으로는 풀어낼 수 없는 문제들이 점점 늘어나고 있다. 평범하고 일상적이며 패턴이 빤한 일들은 누구든지 해낼 수 있다. 심지어 로봇이나 기계가 더 완벽하게 해내기도 한다. 예전엔 비정형적인 의사결정으로 여겼던 일들도 무수히 반복되는 패턴을 분석해내면 곧 정형화되어버린다. 그래서 인간이 어렵게 해오던 많은 일을 이제는 로봇들이 쉽게 해낼 수 있다.

지금보다 훨씬 복잡한 가치들이 마구 혼재될 미래를 대비하기 위해서는 인재를 선별하고 관리해나가는 일이 필수다. 특히 오늘날과 같은 불확실성의 시대에 기업이 생존하려면 제갈량과 같은 창의적인 인재가 필요하다.

사람들이 축구경기에서 스타플레이어에게 열광하는 이유는 그들이 스스로 플레이를 창조해내기 때문이다. 플레이가 정형

화되어 있지 않기에 웬만해선 그들을 막을 수 없다. 탄탄한 기초를 바탕으로 다른 선수들이 예측할 수 없는, 또는 흉내조차 낼 수 없는 창의적인 플레이를 그들은 아무렇지 않게 해낸다. 게다가 그들의 창의적인 움직임은 단지 화려함만을 지닌 것이 아니라 득점이라는 실질적 결과를 만들어낸다. 그렇기에 구단들이 천문학적인 몸값을 기꺼이 지불하는 것이다.

'전통의 경기'를 뜻하는 엘 클라시코(El clasico)는 스페인의 축구 명문 레알 마드리드와 FC 바르셀로나의 매치를 일컫는 별칭이다. 두 팀은 리그 1, 2위를 다툴 뿐 아니라 리오넬 메시, 크리스티아누 호날두 등의 세계적인 스타플레이어들을 보유하고 있다. 그리고 두 구단 모두 스타플레이어를 키워내는 아주 독특한 선수 육성 프로그램을 가지고 있다.

먼저 FC 바르셀로나에는 '칸테라(cantera)'라고 불리는 선수 육성 프로그램이 있다. 어린 선수들 중에서 재능 있는 선수를 일찌감치 발굴하여 구단이 직접 운영하는 유소년팀에서 뛰게 하는 시스템이다. 칸테라라는 말이 '채석장' 또는 '용도에 따라 다듬어 놓은 돌'이라는 뜻이니, 마치 채석장에서 원석을 발견해내듯 잠재력이 뛰어난 인재를 발굴해서 육성하는 방식인 것이다.

반면 레알 마드리드는 전통적으로 갈락티코(Galáctico)라는 선수 육성 프로그램을 고수한다. '은하수'라는 뜻을 지닌 갈락티

코는 채석장에서 원석을 찾기보다는 이미 잘 다듬어져 빛을 내는 보석을 직접 취하는 시스템이다. 이 시스템을 기반으로 레알 마드리드는 은하수처럼 빛나는 월등한 실력을 갖춘 스타플레이어라면 인종이나 국적과 관계없이 고액의 이적료를 지불하고 선수를 영입한다. 이 프로그램을 통해 영입한 선수들로는 크리스티아누 호날두를 비롯해 루이스 피구, 지네딘 지단, 데이비드 베컴 등이 있으며 하나같이 면면이 화려하다. 그들은 팀 전술에 의존하기보다는 뛰어난 개인기로 상대방을 압도하고, 화려한 플레이로 관중을 매료한다.

각기 다른 선수 육성 프로그램을 가지고 있지만, 중요한 것은 두 구단 모두 스타플레이어의 중요성을 제대로 인식하고 있다는 점이다.

스타플레이어, 즉 미래의 인재들을 확보하는 것은 조직의 의무이자 리더의 사명이다. 무엇보다 선배들의 역할이 중요하다. 선배가 우수한 후배를 양성하는 것은 조직에 기여하는 최고의 방법이다. 그런 점에서 자신의 입신양명만을 위해 달려가는 선배는 조직의 관점에서 볼 때 직무태만이나 다름없다.

인재를 키우고, 관리하는 체계를 갖추는 일에는 보다 전략적인 접근이 필요하다.

첫째는 레알 마드리드처럼 신입 직원들을 잘 선별해야 한다. 다른 기업들에 유용한 채용 방식이 우리에게도 똑같이 유용하리라고 믿어서는 곤란하다. 학교 성적이 과거의 성실성을 입증할 순 있어도 미래의 조직에 기여할 가치까지 보장하지는 않는다. 오히려 선생님이 시키는 일만 잘해온 모범생들은 회사에 들어오기도 전에 이미 타성에 젖어 있을 수도 있다. 따라서 협동조합의 직원을 뽑는 독특하고도 효과적인 방식을 고민해야 한다.

둘째는 FC 바르셀로나처럼 기존 직원들을 차세대 리더로 육성하는 프로그램을 만들어 정착시켜나가야 한다. 제아무리 우수한 직원도 충분한 교육과 관리로 뒷받침하지 못하면 결국 평범한 직원으로 전락하고 만다. 들어올 때는 우수했던 직원들이 정작 입사 이후에는 하향평준화되는 이유가 바로 여기에 있다. 수많은 직원의 희망을 꺾어버리는 학연과 지연 중심적 사고의 틀을 과감히 벗어던져야 하며, 선발된 직원들에 대해서는 특별한 관리를 해야 한다. 다른 직원들과의 형평성을 우선시한다면 차별화된 능력 계발은 기대할 수 없다. 모든 직원이 인정할 만한 객관적인 선발 과정을 거쳐 인재를 선발하고 차별적 관리를 해나간다면, 기회와 희망을 찾고 있는 많은 직원에게도 동기가 부여될 것이다.

앞으로 우리는 전쟁터처럼 변수가 다양하고 복합적이며 역동적으로 얽히는 현장을 맞게 될 것이다. 현존하는 직업의 70퍼센트가 사라질 거라는 암울한 예측도 있다. 지금까지는 그저 열심히만 하면 됐지만 앞으로는 스마트하게 일해야 한다. 많은 기업이 인재를 선발하는 과정에서 해군이 아닌 해적을, 모범생이 아닌 모험생을 찾는 것도 바로 이 때문이다.

우리 역시 협동조합으로서 협동조합적 가치를 실현할 수 있는 인재를 키우는 것이 백년대계를 위한 일이다. 협동조합에서 근무하면 저절로 협동조합적 인재가 되리라는 착각에서 하루빨리 벗어나야 한다. 인재를 키우는 일이야말로 현시대를 살아가는 리더와 수많은 선배에게 주어진 막중한 책무이며, 후배들에게 희망찬 미래를 물려주는 가장 확실한 방법이다.

협동조합 간
같이의 가치

우리나라의 장기 기증 서약률은 약 2.6퍼센트로 유럽 대부분
의 나라에 비해 매우 낮은 편이다. 네덜란드·영국·독일이 10
퍼센트대이고, 오스트리아·벨기에·프랑스·포르투갈 등은
거의 100퍼센트에 육박한다. 이런 차이는 어디에서 오는 걸까?

　이에 대해 행동경제학자 댄 애리얼리(Dan Ariely) 교수가 내놓
은 분석 결과가 매우 흥미롭다. 장기 기증 서약률이 낮은 나라
들은 대부분 기증을 희망할 경우 동의서를 작성하게 되어 있다.
그러나 서약률이 100퍼센트에 가까운 나라들은 장기 기증을 원
하지 않을 경우 당국에 전화를 걸어 거부 의사를 밝히게 되어

있다. 결국 디폴트 값이 어떻게 설정되어 있느냐가 서약률의 차이로 나타난 것이다.

애리얼리 교수에 따르면 사람들의 행동에는 독특한 편향이 존재하는데, 그중 하나가 '현상 유지 편향(status quo bias)'이라는 것이다. 쉽게 말해 사람은 누구나 귀찮은 일을 피한다는 얘기다. 그래서 늘 가던 식당만 가고, 먹던 음식만 먹으며, 만나던 사람만 만나고, 책도 익숙한 분야의 것만 읽는다. 장기 기증 서약률이 높은 나라의 국민들도 사실은 전화 한 통 거는 게 귀찮아서 장기 기증에 동의하고 있는 셈이다.

현상 유지 편향은 인간의 기본적인 속성이라 삶의 모든 분야에 영향을 미친다. 조직의 변화를 이끌거나 새로운 조직문화를 만들어내기 어려운 원인 중 하나이기도 하다. 월가의 투자전략가이자 컬럼비아 경영대학원 교수인 마이클 모부신(Michael J. Mauboussin)은 기업이 변화에 성공하려면 현상 유지 편향을 적극적으로 활용할 수 있어야 한다고 말한다. 즉 디폴트 옵션(default option)을 잘 만들어야 한다는 얘기다.

변화를 위해서는 '새로운 방식이 기본 선택지'라는 인식을 조직원들에게 심어줄 수 있도록 제도를 설계해야 한다. 생각의 변화는 단순히 생각을 변화시킨다고 해서 성공하는 게 아니다. 형식을 바꿔야 내용을 바꿀 수 있다. 네덜란드 스히폴 공항의 화

장실이 청결히 유지되게 한 것도 제발 깨끗하게 사용해달라는 호소문이 아니라 소변기에 그려진 파리 한 마리였다. 창의적인 디폴트 설정이 생각을 바꾸고 행동을 바꾸며 나아가 환경 자체를 바꾼다.

국제협동조합연맹(ICA)이 제정한 협동조합의 여섯 번째 원칙 '협동조합 간 협동'은 우리 농협이 시급히 정비해야 할 디폴트 옵션이라고 할 수 있다. 이 원칙은 '협동조합은 지역 및 전국 그리고 국가 간에 함께 일함으로써 조합원에게 가장 효과적으로 봉사하고 협동조합 운동을 강화할 수 있다'는 내용을 골자로 한다. 협동조합다운 협동조합이 되기 위해서는 협동조합 간 협동이 반드시 실현되어야 한다는 의미다.

'협동조합 간 협동'은 1966년 ICA 원칙 1차 개정 때 채택된 원칙으로 중요성이 갈수록 높아지고 있다. 협동조합도 사업체인 이상 영리기업들과의 경쟁을 피할 수 없기에 더욱 그렇다. 이제 소규모 지역 단위 협동조합만으로는 규모화와 세계화에 대응할 수 없다.

협동조합은 보통 지역, 직장 등 작은 단위로 만들어진다. 그런만큼 구성원인 조합원 사이에 친밀한 결속이 이루어지고, 그렇게 뿌리내린 지역·직장을 기반으로 다양한 사업과 활동을 할 수 있다는 장점이 있다. 그러나 소규모인 탓에 사업의 범위가 제한되고 경쟁력에서 뒤처진다는 약점도 있다. 지역 단위의 작은 협동조합이 대기업과 경쟁하면서 고객의 다양한 요구에 발 빠르게 대응하기란 쉬운 일이 아니다. 지역별로, 전국적으로, 나아가 국경을 넘어 전 세계적인 규모로 협동조합들 간에 손을 잡고 연대를 강화할 필요가 있다.

최근 들어서는 개별 조합의 대규모 합병 추세 속에서 연합회의 필요성과 효율성에 대한 의문이 제기되기도 하지만, 외국은 협동조합 간 협동에 해당하는 지역 단위 또는 전국 단위의 연합회가 비교적 잘 정비되어 있다. 그러나 개별 협동조합이 합병을 통해 덩치를 키운다 하더라도 정보 수집, 기획 개발, 대외 마케팅 등에서는 여전히 한계가 있을 수밖에 없다. 이를 보완하기 위해서라도 연합회 기능을 더욱 확대하고 전문화해야 한다.

또한 협동조합 간 협동은 수직적 협동만이 전부가 아니다. 조합끼리도 자발적으로 제휴하며 다양한 수평적 네트워크를 형성할 수 있다. 지역농협들 간 연합 사업과 공동 사업법인, 농촌 지역과 도시 지역 등 지역 조건이 서로 다른 농협들끼리 자매결연과 상호교류를 통해 사업을 펼치는 것 역시 협동조합 간 협동의 사례라 할 수 있다. 전국 단위로 만들어지는 품목별 연합회도 여기에 해당한다. 썬키스트, 데니시크라운, CHS 등 세계적인 농업협동조합들도 동종 협동조합 간 협동을 통해서 성장했다.

그러나 안타깝게도 현재는 협동보다 경쟁 논리가 더 앞서 있는 것이 사실이다. 판매나 구매 사업에서 부분적으로나마 연합 사업이 이루어진다고는 하지만 아직은 미흡한 수준이고, 조합들 간에 여전히 같은 시장을 두고 치열한 경쟁을 벌이고 있다. 언제부턴가 우리의 동기가 협동조합이라는 하나의 목적을 위해서가 아니라 '내 조합의 사업 목표를 위해서'로 변질된 것이다. 하지만 이 틀을 벗어나지 못하면 내 조합의 사업 목표마저 달성하기 어려워진다.

자본 조달의 한계를 지닌 협동조합으로서는 협동조합 간 연합을 통해 규모의 경제를 실현할 방안을 적극적으로 모색해야 한다. 협동조합의 원가 경영은 사업의 평균 비용을 기준으로 거래 가격을 책정하기 때문에 초과이윤 창출을 목적으로 하는 영리기업과의 경쟁에서 경쟁 우위에 설 수 있는 원천이 된다. 따라서 협동조합은 평균비용을 어떻게 합리화하느냐가 관건이다.

이제 '혼자가 아닌 함께'로 시작해야 한다. 또한 사업 연합 등 협동조합 간 협동을 실천하는 조합에 더 많은 인센티브가 부여되어야 한다. 그럼으로써 협동조합의 원칙이 사업과 조직 곳곳에 스며들게 해야 한다. 협동조합은 가장 협동조합다울 때 경쟁력이 극대화될 수 있기 때문이다.

혼자서는 불가능한
협동조합의 시너지

살다 보면 종종 타인과 협력할 것인가, 아니면 타인을 배제하고 내 이익을 먼저 취할 것인가 하는 선택의 순간에 직면하게 된다. 그럴 때 사람들이 보이는 모습은 너무도 다양해서 인간 본성에 관한 논쟁으로까지 이어진다. 예를 들어 《이기적 유전자》의 저자 리처드 도킨스(Richard Dawkins)는 '인간은 이기적인 존재'라 말하고, 수학자이자 진화생물학자인 마틴 노왁(Martin A. Nowak)은 《초협력자》를 통해 '인간은 이타적인 존재'라고 주장한다.

이기적이건 이타적이건 사람과 사람은 서로 기대어 살 수밖에 없는 존재다. 진화생물학자들은 이런 상호성이 인간의 유전자에 새겨져 있다고 설명한다. 마틴 노왁은 "최초의 생명이 탄생했던 태고의 순간부터 현대 인류 사회에 이르기까지 우리의 몸속 세포와 자연계 모든 생명체는 협력을 통해 성장해왔고, 또 협력을 지향한다"라고 말했다. 유약하기 짝이 없는 인간이 협동을 시작하면서 거대한 집단을 이루고, 협동 과정에서 시너지가 창출되면서 점점 더 나은 문명으로 진보해왔다는 것이다.

시너지는 협력 작용 또는 상승효과라고도 하며, 일반적으로 2개 이상의 것이 하나가 됨으로써 독립적으로 움직일 때의 예상치를 뛰어넘는 결과를 내는 작용을 의미한다. 개인이 지닌 욕구를 생리적 욕구에서부터 자아실현의 욕구까지 다섯 단계로 나누어 설명한 에이브러햄 매슬로는 '시너지는 한 개인에게 득이 되는 것이 곧 모든 구성원에게 득이 되는 문화'라고 정의한 바 있다. 즉 시너지 효과가 이루어지는 환경에서는 이기적인 목적이건 이타적인 목적이건 한 사람의 행동이 궁극적으로 모두에게 이익이 된다는 뜻이다. 매슬로의 말을 풀어보면 시너지를 중심으로 조직의 제도와 문화를 어떻게 설계하고 가꾸어나가는가에 따라 조직과 개인의 성패가 결정된다고 볼 수 있다.

시너지와 반대되는 의미로 링겔만 효과(Ringelmann effect)가 있다. 이 현상을 최초로 발견한 프랑스의 농공학자 막시밀리앙

링겔만(Maximilien Ringelmann)의 이름을 딴 말로 '사회적 태만'을 지칭한다.

시너지 효과와 링겔만 효과, 두 가지 모두 사람들 간의 상호작용에서 나타나는 현상이다. 그런데 어떻게 서로 반대의 의미를 나타내게 됐을까?

링겔만 효과의 변수는 숫자에 있다. 집단이 커지면 커질수록 '나 하나쯤이야' 하는 생각으로 최선을 다하지 않는 경우가 더 자주 발생한다. 이는 구체적인 책임과 성과를 평가하기 어렵다는 점을 악용하는 데서 비롯된 부작용이다. 한편으론 내가 열심히 참여하여 얻은 집단의 성과물이 나에게 합당한 보상으로 돌아오지 않을 것으로 예측될수록 최선을 다하지 않게 되기도 하다.

개혁개방 40년을 맞이하는 중국의 눈부신 발전을 언급할 때마다 빠지지 않는 것이 안후이성 샤오강(小崗)촌 농민 18명의 이야기다. 중국의 농업은 농지를 농민의 집체 소유로 하여 공동으로 생산하고 똑같이 나눠 갖는 방식으로, 인민공사가 중심이 됐다. 그러나 토질이 척박하고 수확이 부족해 항상 가난과 배고픔에 시달렸다. 엎친 데 덮친 격으로 1978년에 최악의 가뭄이 들었다. 농민들은 굶어 죽으나 당국에 적발되어 죽으나 매한가지라는 절박함으로 땅과 농기구를 나누어 각자 농사를 짓기로

결의했다. 그야말로 목숨을 건 일이었다. 수확한 이후 의무할당량을 인민공사에 내고 남은 수확에 대해서는 각자가 처분권을 갖는 개별 영농을 시작한 셈이다. 인민공사에서는 적당히 일하며 게으름을 피우던 농민들이 스스로 농사를 짓기 시작하자 이른 새벽부터 밤늦게까지 부지런히 일했다. 이듬해 수확량은 이전 5년 동안의 소출을 모두 합친 것과 맞먹을 정도였다.

이후 중국 정부는 샤오강촌의 방식이 사회주의에 어긋나지 않는다는 결정을 내리고, 1985년 마침내 인민공사를 폐지했다. 중국의 혁명적 변화는 사회적 태만을 물리친 18명의 농부로부터 시작됐고, 이 변화가 오늘날의 경제 대국 중국을 만들었다.

협동조합의 핵심에는 시너지 효과에 대한 기대가 들어 있다. 그래서 협동조합은 원칙과 제도를 통해 링겔만 효과를 억제하기 위해 노력하고 있다. 더 많은 사람의 참여를 이끌어 시너지를 극대화하려는 운영 원칙 중 대표적인 것이 바로 원가 경영과 공동 행동이다. 이용고 배당을 핵심으로 하는 이용자 중심 경영의 원리는 집단이 창출한 성과를 개인의 기여도에 따라 공정하게 보상한다는 것이다. 한 사람이 자신의 이기적 목적을 위해 추구하는 행동이 다른 사람에게도 도움을 주는 한편, 이기심 없이 다른 사람을 위하는 행동이 자신에게도 이득으로 돌아오는 조직이 바로 협동조합인 것이다.

그러나 제도만으로는 충분치 않다. 시너지를 제대로 발휘하려면 반드시 주인의식이 수반되어야 한다. 성공적인 협동조합의 사례는 전 세계에 걸쳐 수없이 많다. 그들의 성공에는 여러 요인이 있지만, 주인의식 없이 성공한 예는 하나도 없다.

주인의식은 강요가 아닌 자발성에 의해서만 생겨난다. 자발성을 높여주는 요인은 다양하다. 주변으로부터 인정과 존중을 받을 때, 참여하는 이유를 스스로 찾을 수 있을 때, 그리고 자신이 하고 있는 일이 조직에 진정으로 기여한다거나 자신의 꿈을 실현하는 데 촉매가 된다고 여길 때 자발성도 높아지게 마련이다.

매슬로가 인간 욕구 5단계설을 제시하면서 생리나 안전, 애정보다 더 높은 단계에 존중과 자아실현이 자리 잡고 있다고 말한 점을 주목할 필요가 있다. 특히 협동조합은 자본이 아닌 사람을 우선으로 하는 사업체이기에, 시너지를 기대한다면 우선 상대방을 인정하고 존중하는 자세가 필요하다.

아마존의 화살은
그냥 날아가지 않는다

10여 년 전만 해도 아마존닷컴을 눈여겨보는 사람은 거의 없었다. 하지만 2018년 하반기가 되자 세계 시가총액 최상위 기업에 애플, 마이크로소프트와 함께 아마존닷컴이 이름을 올렸다. 이들 세 기업이 그려낸 주가 변동 그래프는 영화의 추격전을 방불케 한다.

온라인 서점으로 출발한 아마존은 인공지능 분야에도 진출하는 등 사업 영역을 끊임없이 넓혀왔다. 미국 내에서는 아마존이 수요를 독점해 경쟁사들을 초토화한다는 비판이 쏟아졌고, 유럽연합·독일·일본 등지에서는 반독점 위반 혐의로 조사가 시작됐다는 뉴스까지 흘러나왔다. 정책 당국에서도 아마존이 소비자 권리를 침해하고 기술혁신에 장애를 주기 때문에 독점의 폐해가 있다고 거들고 나섰다. 이런 상황이라면 소비자들의 반응도 부정적으로 나타날 법한데 반응은 예상과 전혀 달랐다.

"우리는 고객에게 더 많은 제품을 더 낮은 가격에 공급한다는 철학을 지키고 있다."

아마존의 경영철학을 요약한 것이다. 아마존은 자사가 진출한 사업 영역에서는 피부에 와닿을 만큼 합리적인 가격 인하로 소비자들의 뜨거운 호응을 얻었고, 혁신에 가까우리만치 새로운 IT 기술을 도입하며 기존 업의 개념을 바꾸어가고 있다. 당국이 그들을 향해 뽑아 든 독점규제의 칼날이 민망할 정도다.

'지구상에서 가장 고객중심적인 기업.'

아마존이 내건 비전이다. 많은 비용이 따르거나 손실을 감수해야 하더라도 고객의 입장에서 사업을 하겠다는 선언이다. 아마존에서 기업 서비스 부문 임원을 지낸 존 로스만(John Rossman)은 저서 《아마존 웨이》를 통해 아마존이 고객을 어떻게 대하는지를 보여줬다.

크리스마스 특수를 앞두고 아마존에서 '핑크 아이팟' 할인 행사가 진행되고 있었다. 행사가 시작되자마자 4,000개가 팔릴

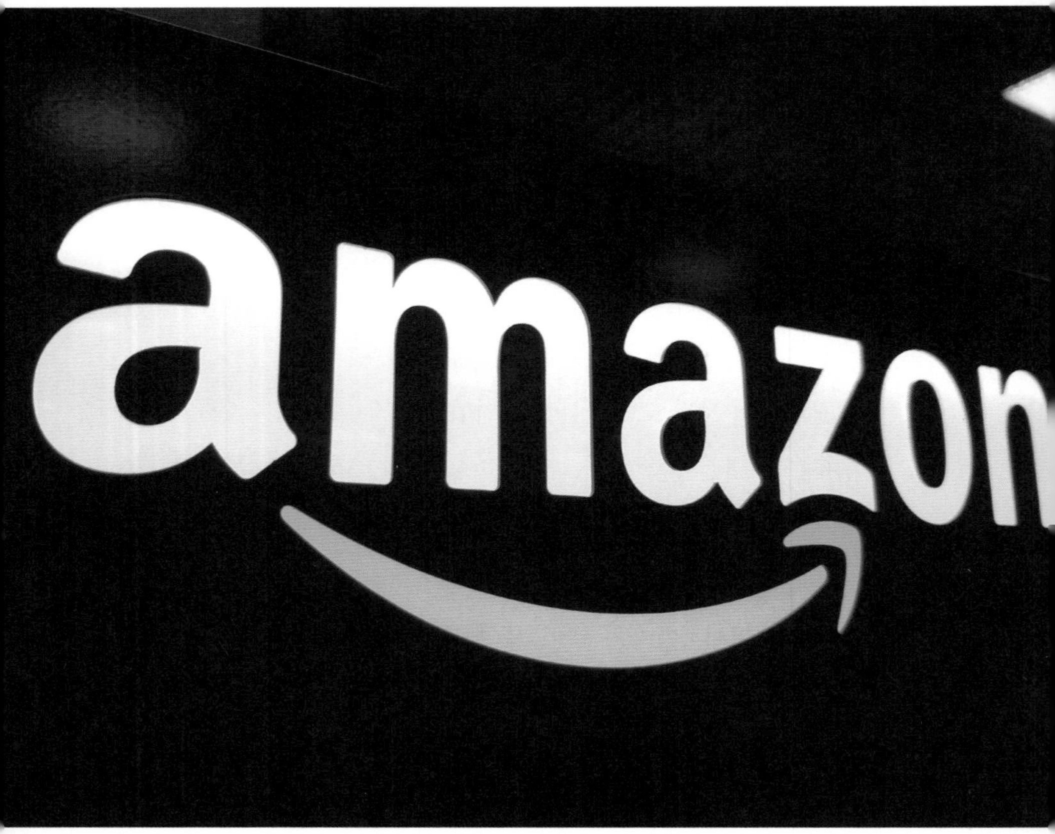
amazon

만큼 소비자들은 뜨거운 반응을 보였고, 프로모션은 성공을 눈 앞에 두고 있었다. 그런데 갑작스럽게 제조사인 애플 측에서 부품 문제가 발생하여 주문 물량을 공급할 수 없다고 통보해왔다. 다른 기업이었다면 이런 상황에서 제품을 공급하지 않은 애플 측을 탓하면서 '우리도 같은 피해자다, 고객들께는 환불 처리하겠다'며 상황을 서둘러 정리했을 것이다. 그러나 아마존은 달랐다. 직원들을 미국 전역의 소매 매장으로 즉시 파견해서 핑크 아이팟 4,000개를 정가로 구매했다. 그리고 일일이 수작업으로 다시 분류하고 포장해서 고객들에게 무사히 배송을 마쳤다. 고객과의 약속은 반드시 지킨다는 핵심 가치를 행동으로 옮긴 것이다. 이 과정에서 아마존은 막대한 금전적 손해를 봐야만 했다. 하지만 고객과의 약속을 반드시 지키고자 하는 그들에게 비용은 우선순위가 되지 않았다.

영국의 브랜드 평가 기업 브랜드 파이낸스(Brand Finance)가 발표한 '2018년 세계 500대 브랜드'에서 아마존은 애플과 구글을 제치고 1위를 차지했다. 어쩌면 당연한 결과인 듯하다. 막대한 손해를 무릅쓰고서도 고객과의 약속을 지켜낸 아마존의 사례는 고객중심이라는 핵심 가치를 어떻게 실천하느냐에 따라 기업의 가치가 결정된다는 사실을 잘 보여준다.

지구의 허파라 불리는 아마존은 세계에서 가장 넓은 열대우림 지역이다. 문명의 손길이 닿지 않던 이 미지의 땅이 지금의 이름을 얻게 된 것은 스페인 원정대에 의해서다. 원정대가 아마존을 탐사할 때 여자 원주민들에게 공격을 당했는데, 그 용맹함이 마치 그리스 신화의 아마조네스를 연상케 한다고 해서 그들을 아마존이라고 불렀다.

　아마조네스는 가슴이 없는 여성 전사들을 의미한다. 선천적으로 없는 것이 아니라 생존을 위해 잘라낸 것이다. 활시위를 당길 때 방해가 된다는 이유로 성인식에 맞춰 가슴을 도려낸 것인데, 그 끔찍한 고통을 겪으면서 그들은 어떤 생각을 했을까. 어쩌면 가혹한 운명을 내려준 신을 원망했을지도 모른다. 그러나 부족을 지켜내야 한다는 전사로서의 존재 이유를 받아들였기에 기꺼이 고통을 이겨냈을 것이다.

　아마존 로고에는 날아가는 화살이 있다. 어떤 사람들은 그 노란색 화살을 보면서 사람의 웃는 모습을 상상한다. 서비스에 만족한 고객의 미소라는 것이다. 또 어떤 사람들은 화살이 A에서 시작해서 Z로 끝나는 것을 보고 사람들이 필요로 하는 모든 것을 제공한다는 의미로 해석하기도 한다. 그러나 그것만으로는 좀 부족하다는 생각이 든다.

　아마존의 노란색 화살을 볼 때마다 아마조네스 여전사의 화살이 떠오른다. 입꼬리가 올라간 것처럼 보이는 것도 실은 화살이 빠르게 날아가기 때문에 휘어져 보이는 것이 아닐까. 그 화살은 아마존의 핵심 가치를 지키기 위해 모든 것을 희생하고 날아간다. '지구상에서 가장 고객중심적인 기업'이라는 과녁을 향해 날아가는 화살, 그 안에 담긴 인내와 혁신에 고객은 감동한다.

아마존의 화살을 보며 우리의 화살을 생각해본다. 협동조합은 뚜렷한 존재 이유를 가진 조직이다. 조합원들의 경제적, 사회적, 문화적 지위 향상이라는 목적이다. 현장에서 조합장이나 직원들과 대화를 하다 보면 가끔 조합원들이 전이용하지 않는 것을 한탄한다. 사업이 주춤한 원인을 조합원에게서 찾는 것이다. 그래서 교육이나 회의 때마다 조합원의 참여와 협동을 외치지만 결과는 신통치 않다.

협동은 추상적인 구호가 아니다. 끊임없이 운동하는 생명체에 가깝다. 협동은 제도로 정착되어야 하며 조합원이 실익을 체감하게 할 때 더욱 강화될 수 있다. 환경에 맞게 혁신하려는 처절한 노력과 우리의 가치를 지키겠다는 다짐을 실천하지 않고서는 진정한 협동을 기대하기 어렵다. 아마존의 화살과 같이, 핵심 가치를 지키기 위해서라면 어떤 어려움도 이겨낼 수 있다는 자세를 확실히 할 때 조합원과 국민은 감동하고 호응한다.

진성 리더는
사람의 마음을 훔친다

진심은 언제나 사람을 감동시킨다. 사람 사이를 오가는 진심은 촉매제가 되어 관계를 더욱 부드럽게 해준다. 그러니 진심을 어떻게 전달해야 하는가에 대한 고민이 더 깊어질 수밖에 없다. 조직을 이끌어가는 리더 역시 마찬가지다. 자신의 뜻을 직원들에게 어떻게 정확하고도 빠르게 전달할 수 있느냐가 곧 리더의 역량이다. 다양한 리더십 이론이 존재하지만 정작 진정한 리더를 찾기 어려운 까닭은 리더들이 자기 생각을 전달하는 방식에 문제가 있기 때문이다.

지금까지 대한민국은 너무도 숨 가쁘게 달려왔다. 압축 성장이라는 단어가 말해주듯 가난한 나라가 세계 10대 무역 대국으로 발돋움하는 쾌거를 이뤘지만, 그 과정에서 잃어버린 것도 많다. 속도가 중요한 성장 과정에서는 소통보다는 지시와 복종이 더 적합한 선택이었다. 그러다 보니 그 방식에 물들어 지금까지도 구성원들과 마음을 나누는 데에는 어색함을 느낀다. 하지만 이제 시대가 변화하고 있다. 양적 · 경제적 성장의 변곡점을 넘어 질적 · 정신적 성장을 향해 가고 있다. 이 시대에는 진정성을 갖춘 진성 리더(authentic leader)가 필요하다.

고대 그리스 철학자 소크라테스는 지금처럼 빔프로젝터나 파워포인트가 없던 시절에 대화법으로 피타고라스 정리를 가르쳤고, 플라톤이라는 희대의 제자를 길러냈다. 소크라테스는 기이한 외모와 달리 맑은 심성을 지녔다고 알려져 있다. 그는 제자들에게 리더가 되기 위한 요건으로 부단한 자아 성찰을 통해 정직하고 올바른 심성을 가질 것을 주문했다. 제자들과의 대화 주제 역시 진정성 있는 실천에 관한 것들이 많았다. "너 자신을 알라"라는 그의 말이 위대한 이유는 스스로 무지를 깨닫고 진리를 얻기 위해 평생 실천했기 때문이다. "악법도 법이다"라는 말과 함께 죽음을 받아들인 그의 선택에서 진리와 깨달음에 대한 진정성을 엿볼 수 있다.

미국인들의 인기와 사랑을 한 몸에 받고 있는 오프라 윈프리 역시 진정성으로 주목받은 여성이다. 오프라 윈프리는 1970년 대 중반 앵커가 되어 뉴스를 진행했는데, 그녀를 줄곧 따라다닌 문제가 자신의 감정을 숨기지 못한다는 것이었다. 하지만 그녀는 기존 언론을 향해 이렇게 항변했다.

"불길 속에 일곱 아이를 모두 잃어버린 엄마를 보고 어떻게 냉정함을 유지하는가? 나는 더는 우아한 방송인인 척하기 어려 웠다. 마음을 다해 함께 부둥켜안고 통곡하지 않을 수 없었다."

아홉 달 만에 그녀는 앵커 자리에서 물러났지만, 여전히 가장 진정성 있는 여성 리더로 꼽힌다.

몇 년 전 '도둑과 리더의 공통점과 차이점'이라는 글이 인터 넷상에 회자된 적이 있다. 도둑과 리더의 공통점은 무언가를 훔 친다는 것이고, 다른 점은 도둑은 물건을 훔치고 리더는 마음을 훔치는 것이라는 내용이다. 마음을 훔친다는 것은 진정성으로 다른 이들의 마음을 움직인다는 뜻이기도 하다.

명나라를 세워 태조가 된 주원장은 원나라와의 마지막 대결 에서 적의 마음까지 훔친 일화로 유명하다. 주원장은 원나라의 부대를 포위하기 위해 적이 눈치채지 못하도록 우회하여 적의 후방으로 가고 있었다. 그런데 좁은 계곡 한가운데에서 오리 한

마리가 알을 품고 있었다. 그 순간 새끼 품은 짐승을 해치면 안 된다는 어린 시절의 가르침이 떠올랐다. 주원장은 부하들의 만류에도 불구하고 고민 끝에 결국 작전을 연기하기로 했다. 그리고 오리가 부화해 어미와 함께 자리를 뜰 때까지 여러 날을 기다렸다. 그로 인해 작전이 적에게 노출되어 수세에 몰리는 상황이 됐는데, 뜻밖의 일이 벌어졌다. 적의 장수들이 부하들을 거느리고 투항해온 것이다. 천하의 패권을 다투는 전쟁에서 한낱 오리의 목숨까지 귀히 여기는 장수라면 자신들의 미래를 맡겨도 좋다고 생각해서 투항했다는 것이다. 화살 한 발 쏘지 않고 적의 마음까지 훔쳐낸 것이다.

말이 입에서만 나오는 사람들이 있다. 그들의 말은 가벼워서 잘 뒤집힐 뿐 아니라 기껏 강조했던 말도 식언이 되기 일쑤다. 그런가 하면 말이 머리를 통해서만 나오는 사람들도 있다. 그들은 지극히 계산적이어서 겉으로 보이는 웃음과 달리 속은 매우 냉정하다. 또 그런가 하면 말이 가슴에서 나오는 사람들이 있다. 그들의 말은 듣고만 있어도 공감이 되고 위안이 된다. 그리고 신념과 행동이 일치하는 말을 하는 사람도 있다. 그들의 말은 곧 실천으로 직결되기에 믿을 수 있고, 사람들을 따르게 한다. 마치 숭고한 신념의 결정체처럼 느껴지게 한다.

우리 삶의 환경은 사막과 같다. 사막에서는 잘 만들어진 지도가 있어도 크게 도움이 되지 않는다. 모래바람이 지형을 시시각각 바꿔놓기 때문이다. 그럼에도 목적지를 향한 걸음을 멈출 수 없는 것이 세상살이다. 진정성을 가진 진성 리더는 자기만의 나침반을 가지고 실천에 집중하는 사람이다. 성숙한 인격은 물론 신념과 따뜻한 마음까지 소유한 사람이다. 그래서 그들의 말은 사람들에게 길잡이별이 되며, 사람들을 스스로 행동하고 변하게 한다.

지금을 아포리아(aporia) 시대, 즉 출구가 보이지 않는 절체절명의 시대라고 한다. 그래서 어두운 세상을 환하게 밝혀줄 촛불이 더 절실한 시대이기도 하다. 진정성 있는 리더는 동굴처럼 어두운 세상을 환히 밝히는 사람이다. 진심을 녹여 세상을 밝게 비추는 리더, 사람들의 마음을 훔쳐내는 진정한 어른이 필요한 세상이다.

힘을 합친다는 것

2016년에 대한 기억은 사람마다 다르겠지만 농업인들에게
는 '하늘이 원망스러웠던 한 해'로 기억될 것이다. 그해 1월부터
충남과 호남, 제주 지역에 기록적인 폭설이 내리더니 여름에는
유례없는 폭염과 가뭄으로 전국이 말라붙었다. 이어서 9월에는
경주에서 발생한 진도 5.8의 강진으로 수많은 지역민과 농업인
뿐 아니라 온 나라가 공포에 떨어야 했다. 엎친 데 덮친 격으로
10월에는 태풍 차바, 11월과 12월에는 조류인플루엔자가 농업
인들을 다시 한번 실의에 빠뜨렸다.

　꼬리를 물고 들이닥친 자연재해 중에서도 농업인들에게 가

장 큰 타격을 입힌 것은 태풍 차바였다. 특히 태풍의 직접적인
영향권에 들었던 제주 지역의 상황은 참담하기 이를 데 없었다.
초속 50미터의 강풍에 비닐하우스는 뼈대가 흔적도 없이 사라
지거나 엿가락처럼 휘어버렸다. 피해를 본 농업인들의 허탈감
을 어떻게 헤아릴 수 있겠는가. 1년 내내 정성스레 가꾼 농작물
과 애지중지 키운 가축들을 하루아침에 잃어버린 농업인들의 가
슴은 태풍의 잔해가 굴러다니는 현장보다 더 처참했을 것이다.

어떻게 하면 그분들의 아픔을 조금이나마 달랠 수 있을까. 구
호품 몇 개 챙겨주는 식의 형식적 위로로는 어림도 없는 일이
다. 어설픈 위로보다는 진심으로 함께 희망을 찾는 노력이 필요
한 때였다. 어떤 노력이 진정한 위로가 될 수 있을까.

모든 일정을 뒤로하고 제주도행 새벽 비행기에 몸을 실었다.
그리고 절망에 빠져 있는 지역민들 한 분 한 분의 손을 잡고 터
져 나오는 한숨과 하소연을 하나하나 귀담아들었다. 언론 기사
나 보고서만으로는 느낄 수 없는 마음들이 고스란히 전해졌다.

성산의 어느 무 재배 농가는 9월에 파종한 월동무 가운데 80
퍼센트 이상이 태풍과 호우로 파헤쳐져 있었다. 그 피해로 폐농
위기에 처한 농업인의 망연자실한 표정을 보는 순간 가슴이 먹
먹해졌다.

당장 취할 수 있는 조치를 하기로 했다. 우선 파종할 수 있는 모든 무 종자를 가져와 제주 농업인들에게 다시 심어보라고 제안했다. 하지만 10월에 종자를 심어 재배에 성공한 경험이 없는 농업인들은 내심 불안해하는 눈치였다. 하지만 이내 종자를 심기로 마음을 굳힌 그분들은 지금 심어 재배에 성공하려면 비닐을 씌워줘야 한다, 살균제도 뿌려줘야 한다 등의 다양한 보완책을 이야기했다. 온갖 부정적인 생각을 버리고 오로지 할 수 있다는 생각, 위기를 이겨낼 수 있다는 생각만이 필요한 때였다. 농업인들의 마음에도 차츰차츰 희망과 의지가 되살아났다.

거듭된 자연재해로 상처받은 농업인들의 마음을 치유하려는 노력은 중앙회와 지역농협이 따로 없었다. 중앙회와 전 계열사 그리고 전국의 농·축협 직원들이 피해 현장으로 달려와 팔을 걷어붙이고 복구 작업에 힘을 보탰다. 농협의 영원한 우군인 농주모(농가주부모임), 주부대학, 심지어 산악회 회원들까지 힘이 되어줬다. 휴일도 주말도 없이 모두가 한마음으로 쓰러진 벼와 하우스 구조물을 일으켜 세우고, 침수된 하우스의 농자재를 치우고, 가재도구를 정리하며 조금씩 일상을 되찾아갔다. 그런가 하면 복구 작업에 동참하지 못한 직원들이 한 푼 두 푼 모은 성금을 보내오기도 했다. 농심을 되찾아가는 직원들의 땀방울이 농업인들의 눈물과 만나는 소중하고 눈부신 순간들이었다.

이듬해 3월, 피해 지역의 월동무가 수확을 앞두고 있다는 소식을 듣자마자 다시 제주도로 날아갔다. 몇 개월 전까지만 해도 절망에 빠져 있던 농업인들의 얼굴에 환한 미소가 돌아와 있었다.

"솔직히 그때는 이러나저러나 손해 볼 것도 없으니 그냥 한번 심어보자는 심정이었죠. 그런데 이렇게 복덩이로 자라줬네요."

물론 파종이 한 달가량 늦은 탓에 수확량 감소는 피할 수 없었지만, 농업인들은 그나마 손해를 면하게 됐다며 활짝 웃어줬다. 5개월 전에 심은 작은 희망의 씨앗들이 30배 이상의 농가소득으로 자라준 것이다.

상경하는 비행기 안에서 새삼 '협동'이란 단어를 떠올려봤다. 이 단어에 깃든 진정한 가치와 의미를 경험했다는 생각에 마음이 뿌듯했다. 협동이란 그야말로 협동조합의 심장과도 같다. 힘과 지혜를 합쳐 함께 나아가기 위해서는 무엇보다 '함께하는 마음'이 우선되어야 한다. 함께 아파하고 함께 눈물 흘리는 마음, 말없이 손을 잡아주는 마음, 대가를 따지지 않는 순수한 마음이 합쳐졌을 때 신뢰가 생기고 비로소 협동의 가치가 빛을 발한다.

비뚤어진 채 흘러온 오랜 역사 속에서 소원해진 농업인과 농협의 관계를 하루아침에 회복할 수는 없겠지만, 이럴 때일수록 묵묵히 다가가 곁을 지켜주어야 하지 않을까. 그러다 보면 언젠가는 마음이 닿아 신뢰하는 관계가 되지 않을까.

이제 농업인들이 흘려온 눈물에 대한 빚을 농가소득 5,000만 원 달성으로 갚아야 하는 과제가 남았다. 무너진 신뢰를 회복하기 위해 한 걸음 한 걸음 노력하다 보면, 어느 순간 임계점을 만날 것이고 마침내는 목표를 달성할 것이다. 중력이산(衆力移山)이라 하지 않았던가. 힘과 마음을 합치면 태산도 옮길 수 있다고 믿는다.

단 한 걸음이라도
함께 가라

초판 1쇄 발행 2019년 3월 14일 초판 6쇄 발행 2019년 5월 31일

엮고 쓴 이 김병원
펴낸이 연준혁

출판 1본부 이사 배민수
출판 2분사 분사장 박경순

펴낸곳 (주)위즈덤하우스 미디어그룹 출판등록 2000년 5월 23일 제13-1071호
주소 경기도 고양시 일산동구 정발산로 43-20 센트럴프라자 6층
전화 031)936-4000 팩스 031)903-3893 홈페이지 www.wisdomhouse.co.kr

값 15,000원 ISBN 979-11-89938-57-4 03320

* 인쇄·제작 및 유통상의 파본 도서는 구입하신 서점에서 바꿔드립니다.
* 이 책의 전부 또는 일부 내용을 재사용하려면
  사전에 저작권자와 (주)위즈덤하우스 미디어그룹의 동의를 받아야 합니다.